清代
宫中少年生活
文物展

文化和旅游部
恭王府博物馆
故宫博物院
编

文物出版社

图书在版编目 (CIP) 数据

喜溢华庭：清代宫中少年生活文物展 / 文化和旅游部恭王府博物馆，故宫博物院编 . -- 北京：文物出版社，2024. 11. -- ISBN 978-7-5010-8530-9

I. K871.492

中国国家版本馆 CIP 数据核字第 20248NN282 号

喜溢华庭

清代宫中少年生活文物展

编　　者：文化和旅游部恭王府博物馆　故宫博物院
责任编辑：智　朴
责任印制：张　丽
书籍设计：肖　晓
出版发行：文物出版社
社　　址：北京市东直门内北小街 2 号楼
邮　　编：100007
网　　址：http://www.wenwu.com
邮　　箱：wenwu1957@126.com
经　　销：新华书店
制　　版：北京今日新雅彩印制版技术有限公司
印　　刷：北京永诚印刷有限公司
开　　本：889mm×1194mm　1/16
印　　张：17
版　　次：2024 年 11 月第 1 版
印　　次：2024 年 11 月第 1 次印刷
书　　号：ISBN 978-7-5010-8530-9
定　　价：380.00 元

图录编辑委员会

致辞一

2019年，恭王府博物馆和故宫博物院签署合作框架协议，我们院、馆渊源深厚，有着历史相沿、人文相关、根脉相连的紧密关系。在清代，恭王府和故宫是亲戚，到现在，我们共同肩负着将文物保护好、管理好的重要使命，是遗址类兄弟博物馆。三年以来，恭王府博物馆和故宫博物院在优势互补、合作共赢的基础上，发挥各自特点，不断探索深化合作领域，而“喜溢华庭——清代宫中少年生活文物展”，就是合作的重要成果。

故宫有180余万件文物，其中包括不少与恭王府关联密切的文物，因受到展出条件限制，很难全部或大量展出。此次利用恭王府的展厅，让这些有知识、有趣味、有年龄特点，又和恭王府紧密相关的文物展出来。让大家在王府这个特定历史环境中，得以观览曾经宫中的少年们所使用的文物，感受其中所蕴含的岁月光华、人生理想、精神寄托，以及中华优秀传统文化在青少年教育中的重要作用。

在乐道堂正殿“天伦”“美器”“祈福”单元，展出了清宫少儿服装、王府堂款瓷器、康熙御书福字碑拓片等，在东、西配殿“崇文”“修武”单元，展出了中英合璧数学用表、识字卡、望远镜以及铁花线枪、白虹刀、不同尺寸的弓箭、马鞍等，希望公众感受到王府历史文化的丰富内涵以及对幸福生活的追求，并通过传承转化，满足当今时代人们对美好生活的需要。在大家对“快捷餐饮”议论纷纷之际，我们还特别在主展厅“美器”单元关键位置展出了食盒、碗筷、杯碟等精美文物，希望全社会更加关注青少年的营养健康。习近平总书记讲：“要抓住青少年价值观形成和确定的关键时期，引导青少年扣好人生第一粒扣子”，文明其精神，野蛮其体魄，我们希望未来的主人翁们从德、智、体、美、劳多个维度茁壮成长。

恭王府博物馆自创建以来，经过历代“恭博人”不断地付出、守护、创新和奋进，实现了从腾退修缮到全面开放，从全国重点文物保护单位到 AAAAA 级旅游景区、国家一级博物馆的多元并进。2023 年 12 月 14 日，恭王府博物馆将迎来创建 40 周年的纪念日，在此，我也发出隆重邀约，请大家 12 月再来参加恭王府博物馆的生日庆典。

深深感谢故宫博物院的领导和同志们、合作方，以及我馆参与策展、实施的所有恭博人，感谢大家对“喜溢华庭——清代宫中少年生活文物展”的支持，期待我们今后更密切地合作，取得更加丰硕的成果。

文化和旅游部恭王府博物馆馆长

2023 年 9 月

致辞二

金秋九月，我们共同相聚在恭王府乐道堂，举行“喜溢华庭——清代宫中少年生活文物展”开幕式。在此，我谨代表故宫博物院对展览的举办表示热烈的祝贺，向为此展付出巨大心血的两馆同仁表示由衷的感谢，向前来参加盛会的各位嘉宾表示诚挚的欢迎！

一座恭王府，半部清代史，恭王府与紫禁城共同经历了清代的兴衰沉浮。这座府邸的主人历经固伦和孝公主、庆王永璘、恭王奕訢、小恭王溥伟，见证了清代中晚期的风云变幻。如今，王府的主人虽已湮没在历史的故纸堆中，王府的建筑与文化却在时代更迭中得到了保护、修缮和传承，成为再现历史原貌，展示中华优秀传统文化的重要窗口。

“喜溢华庭——清代宫中少年生活文物展”，是故宫博物院与恭王府博物馆近年来开展的第一项展览合作。这一主题的确立，依托双方现有的研究基础，充分考虑了恭王府与紫禁城的历史关联，深度挖掘双方馆藏文物的共性和关联性。展览将目光从以往多有呈现的宫廷里帝王和后妃的生活，转移到了紫禁城中的下一代——皇子皇女的身上。聚焦更加容易引起观众兴趣和共鸣却一直少有着墨的宫廷少年生活，用“天伦”“美器”“祈福”“崇文”“修武”五个单元，串联起这些居住在紫禁城中的青少年出生、成长、成人的时间线。以精心挑选的130余件与清代宫中少年文武教育及日常生活密切相关的文物，展现了清代皇族培养下一代的教育理念、方式与内容，也让我们得以窥见皇子皇女与寻常百姓相似又独特的童年生活。展览将传统文化的精髓与当代文化生活相结合，让展示更加生活化，以更加鲜活、有趣的方式，讲好中国历史、中国故事。

习近平总书记在文化传承发展座谈会上指出，在新的起点上继续推动文化繁荣、建设文化强国、建设中华民族现代文明，是我们在新时代新的文化使命。故宫博物院是在明清两代宫殿建筑基础上建立的博物馆，肩负着真实完整地保护、负责任地传承和弘扬故宫所承载的中华优秀传统文化的历史使命。恭王府是现存的最完整的清代王府建筑群，拥有重要的历史价值和丰富的文化内涵。近年来，恭王府博物馆不断统筹整合自身的历史文化资源和社会资源，依托王府历史文化研究，典守文物，守正创新，打造了一批有特色、高质量的展览，努力传承转化王府历史文化的丰富内涵，满足现代人对美好生活的追求。相似的建设愿景与共同的使命担当奠定了双方合作的基础，故宫博物院也愿意与恭王府博物馆一道，立足当下，做好中华优秀传统文化的传承和解读，让更多的文物和文化遗产走近人民大众。

值此恭王府博物馆创建 40 周年之际，祝愿恭王府博物馆越办越好。预祝展览取得圆满成功！

故宫博物院副院长 任万平

2023 年 9 月

专文

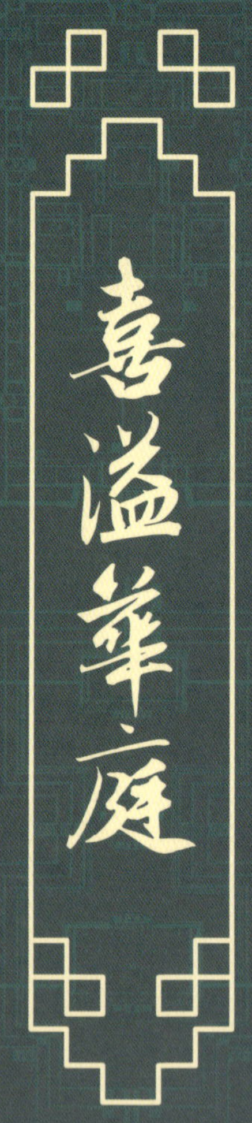

清代

宮中少年生活

文物展

前　言

皇子、公主出身皇室，身份尊贵，且自从出生之日起，即负有治国安邦的重要责任。清代皇子自幼既要努力学习儒家的治国之道，还要娴熟满语骑射，保持满族传统。成年之后，除继位为帝的皇子外，其余皇子被授予亲王、郡王等爵位，分府另居，位列朝班，参与国政；公主虽不能直接参与国政，但被指婚后，下嫁满蒙才俊，加强了满蒙联盟，而居京额驸也可进入中枢机构，参与政事。

皇子、公主在为政事服务的同时，也可享有自己的生活。无论是在宫中还是在府第，其穿用服饰，室中陈设，所用所食等，器精物美，福气满满，奢华并不奢靡，具有浓厚的宫中特色。

皇子公主的生活紧张有序。幼年时期，他们的生活被安排得很紧凑，既要学习各种宫规礼仪，还要读书写字，张弓射箭，日程满满。分府之后，他们从生活水平到生活区域也被局限在一定的范围，使得他们谨小慎微，竭力为家国服务。这是清代皇子与公主持续在王朝统治中发挥作用的重要因素。

此次展览遴选故宫博物院和恭王府博物馆所藏 130 余件文物，从日常生活、修文、治武等方面展示皇子和公主生活的诸多方面，从中感受中华文化兼容并包，中华民族的多元一体。

Joy at Royal Court

Cultural Relic Exhibition on Youth Life in Qing Palace

Introduction

The royal princes and princesses were born into noble status and shouldered the important responsibilities of governing the country and safeguarding national security since birth. From a young age, the princes of the Qing Dynasty had to dedicate themselves to studying the Confucian way of governing a country and becoming proficient in the Manchu language and mounted archery to carry forward the Manchu tradition. After reaching adulthood, except for the prince who became the new emperor, the other princes were granted titles such as "qinwang" (prince) and "junwang" (duke), left the Fobbiden City to live in separate palaces, and participated in state affairs as members of the imperial court. Although the princesses could not directly participate in state affairs, they were married to Manchu or Mongolian elites, which strengthened the Manchu-Mongolian alliance. Their husbands who lived in Beijing could enter the central institutions to contribute to the rule of the Qing Dynasty.

The royal offspring could enjoy their lives while serving in official capacities. Whether in the palace or their residences, the clothes they wore, the furnishings in their rooms, the items they used, and the food they ate were of exquisite quality and excellent craftsmanship, epitomizing wealth and elegance, and with delicacies from the four seasons. Such luxury, which carried strong palace characteristics, didn't drift into opulence.

However, the lives of the princes and princesses were restricted in many ways. In their childhood, they lived a tightly scheduled life, having to learn all kinds of palace rules and etiquette, practice reading and writing, and hone their archery skills. Although there was no pressure to outperform others, the rigorous training was far from a stroll in the park. After leaving the palace, they were also limited in their living areas. This change in identity and role made them cautious and strive to serve their family and country. The strict education they received and the cultivation of their character were important factors for the Qing princes and princesses to play a steady role in the dynasty's rule.

This exhibition selected more than 100 cultural relics from the Palace Museum and Prince Kung's Palace Museum, covering various aspects of the lives of the Qing princes and princesses, including their daily life, highly-valued literary studies, and martial training, to highlight the inclusiveness of Chinese culture and the pluralistic integration of the Chinese nation.

第一单元

多子多孙不仅是普通人的追求，也是皇室的美好愿望。在皇宫的生活用品中，多装饰有“多子”寓意的石榴、葡萄、莲子，象征子孙绵延不绝的藤蔓葫芦、瓜瓞纹，以及反映子孙兴旺的百子图等，突显着皇室的祈求。在皇子和公主出生之后，宫中会给予优遇，对其精心照料，并进行诸多庆祝活动。更为重要的是，万乘之尊的帝王，在节庆之时亦会难得地褪去威严，与子孙们同聚一堂，享受天伦之乐。

丁观鹏、郎世宁等合画弘历岁朝行乐图轴

清乾隆（1736～1795年）
纵305厘米，横206厘米
故宫博物院藏

此图描绘农历春节时，乾隆皇帝弘历与皇子们尽享天伦之乐的情景。图中虬曲生姿的枝干上，朵朵凌寒怒放的梅花分外惹人注目。弘历坐于檐下，目光慈祥，神态安然。嬉闹玩耍的皇子们与恭敬肃立于他背后执扇的宫娥，共同烘托出宁静祥和、其乐融融的温情场面。

中国有用字的谐音暗喻吉祥的风俗。几位皇子手里所持物件，就以这种方法表达对来年美好的祝福。如谷穗有“五谷丰登”的愿望，鱼灯是希望新的一年“太平有余”，戟上悬挂玉磬则取“吉庆有余”之意。

此图由郎世宁、沈源、周鲲、丁观鹏合绘。（汪亓）

清人画旻宁喜溢秋庭图轴

清道光（1821 ～ 1850 年）
纵 181 厘米，横 202.5 厘米
故宫博物院藏

画面中肖像写实的人物是五十二岁的道光皇帝旻宁、二十六岁的全皇贵妃及皇子奕詝、奕訢等人。道光帝在位期间沿袭前朝帝王画御容像的惯例，经常命如意馆画师为自己画像，因此他也成为清中期之后，画御容像最多的一位皇帝。其御容像除少数几幅是为彰显皇权的朝服像外，大多是反映其宫中生活的行乐图。这些绘画展现了道光皇帝作为统治者至高无上的政治形象，也表现出其作为一名丈夫、父亲的普通人的生活情趣。（周耀卿）

喜溢秋庭

清人画弘历妃及颙琰孩提时像轴

清乾隆（1736 ～ 1795 年）
纵 326.5 厘米，横 186 厘米
故宫博物院藏

此图是典型的清代中期宫廷绘画，富丽华美，所绘场景为一宫廷楠木二层内室，一皇室贵妇与一儿童。根据画上的黄签“今上御容，嘉庆二十年十二月初一日敬识”我们可以知道，此图描绘的正是乾隆皇帝的第十五子颙琰的孩提时代，而那位贵妇可能正是他的母亲魏佳氏，后尊为孝仪纯皇后，时为令贵妃；而画面上的黄签则是在嘉庆登基后添加的。根据画风判断，此图的人物肖像部分具有鲜明的西方油画特征，当为供奉内廷的西方传教士画家郎世宁所绘。（李天垠）

清人画颙琰庆祝长春图像卷

清嘉庆（1796 ～ 1820 年）

纵 40.5 厘米，横 320 厘米

故宫博物院藏

本图绘嘉庆帝颙琰身着冬装手握书籍闲坐于亭中，眼望远处若有所思。年长皇子恭敬立于亭外，同时回头看向年幼皇子点燃鞭炮。从河面上的冰裂纹到亭外的鞭炮、梅花，再到亭中的水仙和南天竺都说明此时是新春时节。乾隆帝时每遇传统节日，如元旦、上元、中秋等，都会在宫中举行庆祝活动，并命宫廷画家进行创作，以示纪念。如反映过年时节的《岁朝行乐图》就有多幅，图中表现了乾隆帝在新春时坐于屋檐下，观看皇子放鞭炮和嬉戏的热闹场景，一派父子亲厚，兄弟和睦的温馨家庭气氛。嘉庆帝自继位后无不效仿乾隆帝，此幅作品便效仿了《乾隆岁朝行乐图》，只是人物只有三个，更没有《乾隆岁朝行乐图》那样的热闹场景。此图展现了颙琰身为帝王之外，作为家中父亲的另外一种面貌，好似普通人家一派安详恬静的氛围。（周耀卿）

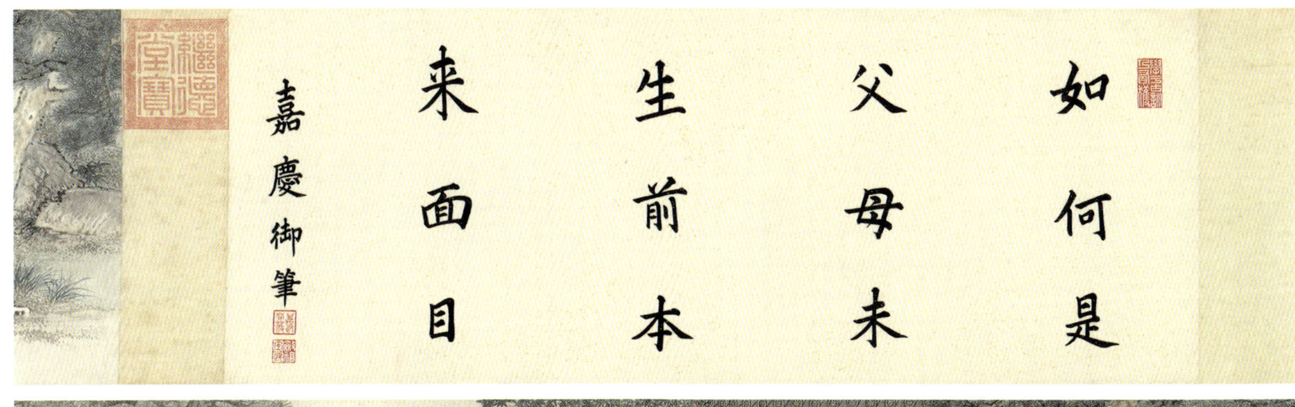
如何是
父母未
生前本
来面目
嘉慶御筆

掐丝珐琅万福三多纹如意（九柄）

清（1644～1911 年）
长 34 厘米
故宫博物院藏

如意采用掐丝珐琅工艺制作，铜胎，通体填蓝色珐琅釉为地。柄首如意云头开光内饰一只红色蝙蝠口衔万字符，取意“万福”，开光外宝蓝色釉地上饰一周缠枝花卉纹。柄中段分为三部分，由上至下分别饰折枝桃、石榴、佛手，寓意多寿、多子、多福，俗称“三多”。柄尾如意形开光内饰宝蓝色夔龙纹，开光外宝蓝色釉地饰一周缠枝花卉纹，柄尾下端系丝穗。

此如意为一套九柄。为君王祈福的《诗・小雅・天保》中有九个“如”字，故清代王公大臣常借进贡九柄一套的如意，以此表达对皇帝最衷心的祝愿。（王翯）

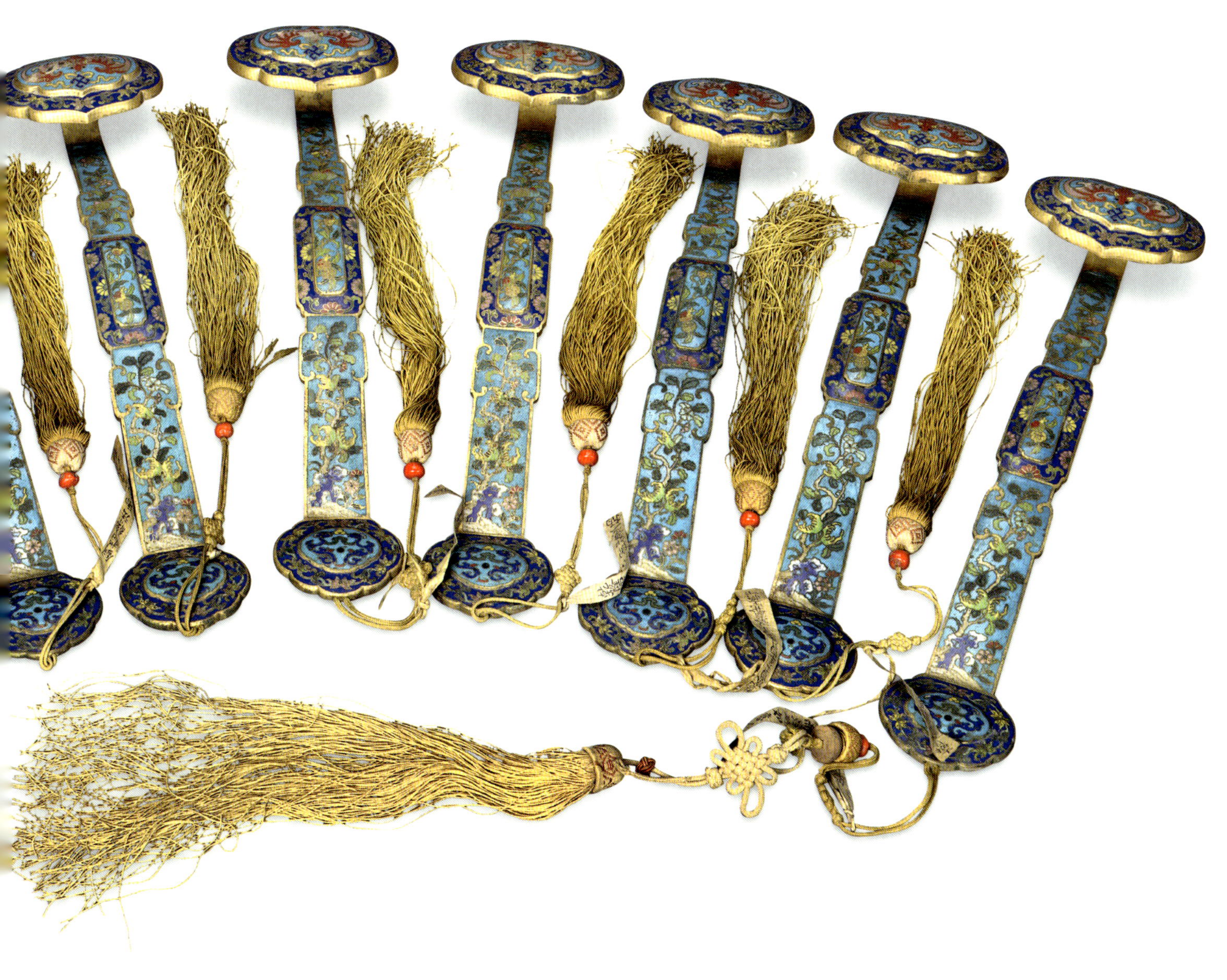

紫地粉彩开光百子图撇口瓶

清道光（1821～1850年）
高26.3厘米，口径7.5厘米，底径8厘米
故宫博物院藏

瓶撇口，长颈，鼓腹，圈足。通体以粉彩为饰，颈部有蝙蝠、卍字、宝相花等吉祥纹饰，肩部为如意云头纹，腹部中心纹饰绘制婴戏龙舟图案，底有红彩“大清道光年制”六字篆书款。（孙悦）

底款

粉彩百子戏龙图盖罐

清嘉庆（1796 ～ 1820 年）
通高 29.7 厘米，口径 11 厘米，底径 10.2 厘米
故宫博物院藏

罐直口，短颈，圆鼓腹，圈足。盖拱起，饰宝珠钮。

通体以粉彩为饰，颈部为花卉纹，肩部饰如意头纹一周，腹部中心纹饰为婴戏图案，描绘百位孩童舞狮、戏龙、放鞭炮等各类热闹场面。盖顶亦描绘婴孩 12 人，分别手持戟、磬等，谐音“吉庆”，寓意吉祥。底有红彩“大清嘉庆年制”六字篆书款。（孙悦）

底款

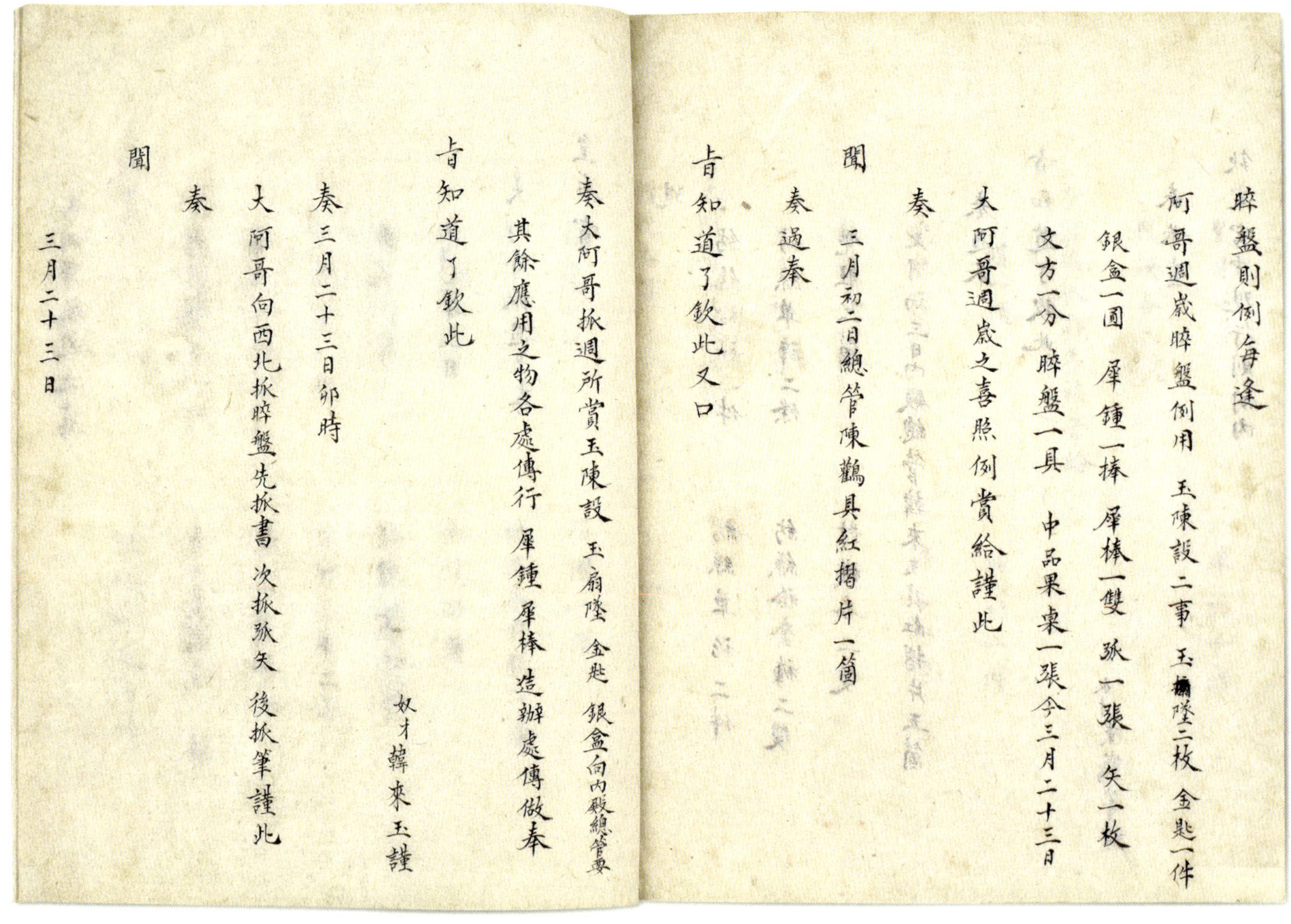
晬盤則例每逢
阿哥週歲晬盤例用 玉陳設二事 玉扇隆二枚 金匙一件
銀盒一圓 犀鍾一棒 犀棒一雙 弧一張 矢一枚
文房一分 晬盤一具 中品果桌一張今三月二十三日
大阿哥週歲之喜照例賞給謹此
奏
聞
三月初二日總管陳鶴具紅摺片一箇
奏過奉
旨知道了欽此又口
奏大阿哥抓週所賞玉陳設 玉扇隆 金匙 銀盒向內殿總管要
其餘應用之物各處傳行 犀鍾 犀棒 造辦處傳做奉
旨知道了欽此
奴才韓來玉謹
奏三月二十三日卯時
大阿哥向西北抓晬盤先抓書 次抓弧矢 後抓筆謹此
奏
聞
三月二十三日

懿妃遇喜档

清咸丰六年（1856 年）
开本纵 25.7 厘米，横 21.6 厘米
故宫博物院藏

又称为“懿妃遇喜大阿哥”，该档记录了咸丰五年至六年，懿嫔怀孕至生产期间的状况，内容涉及懿嫔遇喜期间的脉息情况、饮食起居及产后调理，宫中迎喜神、刨喜坑、上夜守喜和御医轮值，请易产石和大楞蒸刀，大皇子洗三、满月抓周等情形。（袁理）

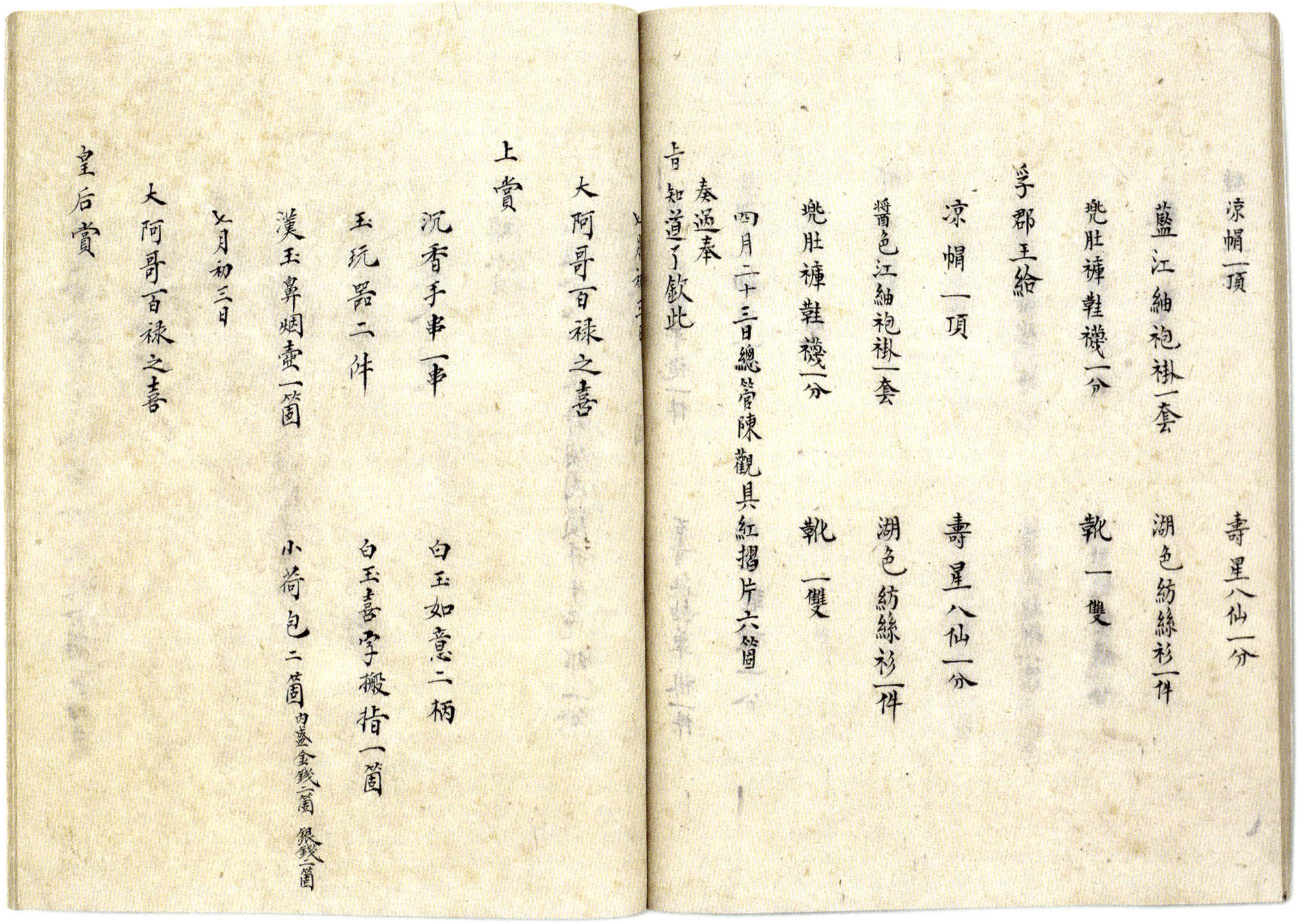

凉帽一頂　壽星八仙一分

藍江紬袍褂一套　湖色紡絲衫一件

兜肚褲鞋襪一分　靴一雙

孚郡王給

凉帽一頂　壽星八仙一分

醬色江紬袍褂一套　湖色紡絲衫一件

兜肚褲鞋襪一分　靴一雙

四月二十三日總管陳觀具紅摺片六個

奏過奉

旨知道了欽此

大阿哥百祿之喜

上賞

沉香手串一串　白玉如意二柄

玉玩器二件　白玉喜字搬指一個

漢玉鼻烟壺一個　小荷包二個 内盛金錢二個 銀錢二個

七月初三日

大阿哥百祿之喜

皇后賞

剔彩百子晬盘

清乾隆（1736 ~ 1795 年）

高 5.6 厘米，口长 58.2 厘米，口宽 32.5 厘米

故宫博物院藏

木胎，浅壁微敞，四垂云足。盘自下而上髹绿、黑、黄、绿、红五个色漆层。盘内雕百子嬉戏图，图景以荷塘庭院为背景，一百个孩童游戏其间，分别有赛龙舟、戏龙灯、吹奏、杂耍、跳绳、斗草等各种活动，一派欢天喜地、热闹非凡的场景。童子服饰以红为主，黄绿为辅，更显喜庆。盘壁内外雕云头纹。外底正中刀刻戗金“大清乾隆年制”竖行楷书款，其下有“百子晬盘”器名款。

这件作品人物众多，但繁而不乱，疏密得当，人物刻画细腻逼真，表现出了孩童天真烂漫稚气可掬的丰富表情，具有强烈的感染力，为传世杰作。

古时婴儿满一周岁谓晬，届时在盘内放置各种器物任婴儿抓取，以此预示未来前程。此习俗由来已久，清宫亦有沿用。可见此剔彩百子晬盘是专为宫中的皇子、公主们试晬而特别制作的。

清代皇子周岁时，例用玉器陈设二件，玉扇坠二枚，金匙一件，银盒一个，犀棒一双，弓一张，矢一支，文房一份，晬盘一个，中品果桌一张。至于公主、皇孙女抓周例用，除不用弓、矢外，其余物品与皇子、皇孙相同。（王翯）

大清乾隆年製
百子晬盤

底款

故140668
長命百歲

银“长命百岁”锁

清（1644～1911年）
长7厘米，宽5厘米
故宫博物院藏

长命锁又名“寄名锁”，是明清时期流行的挂在儿童颈上的一种吉祥配饰。人们认为长命锁可以“锁”住孩童的生命，在孩子周岁时佩戴长命锁可以保佑孩童长命百岁，不受邪祟的侵害，是中国传统习俗中具有护身保命性质的吉祥物品之一。在清代宫廷，也有佩戴长命锁的习俗，皇子或公主满周岁时，会佩戴长命锁，祈求平安顺遂。

此长命锁，银质，锁呈如意形，中间镂空，上拴两条红色丝线穗，线穗上缠有白色和蓝色丝线。锁正面刻有“长命百岁”四字。锁背面为清代流行的太极图，五位寿星站立观阴阳鱼轴。丝线穗和太极图都有长命百岁、平安顺遂的寓意。给皇子或公主佩戴长命锁体现了宫廷祈求他们平安顺利的愿望。（万秀锋）

長命富貴

青玉“长命富贵”锁

清（1644～1911年）
长 5.4 厘米，宽 7.7 厘米，厚 1.05 厘米
故宫博物院藏

此锁青玉质，呈长方形，镂雕双夔龙背对而立，双龙间一长方形牌，牌内一面凸雕“长命富贵”字样，另一面雕牡丹花，牌下镂雕双蝠捧寿。长命锁有金、银、玉等多种材质，其中玉质长命锁更为上乘，多为上层贵族佩戴。（刘梦媛）

杏黄色缎虎头式棉风帽

清（1644～1911年）
高49厘米，宽33厘米
故宫博物院藏

虎头帽为清代常见的童帽款式，其原主可能是生活于宫廷的皇室儿童。帽头外部用黄色缎，内衬以蓝绸。帽头装饰有老虎图案，制作简易，除胡须、眼睛、王字之外，其余部分多由颜料涂画而成。（仇泰格）

王

月白色缎平金绣红穗小帽

清光绪（1875 ～ 1908 年）
高 13 厘米，直径 17 厘米
故宫博物院藏

月白色缎帽，平金绣寿字，以红绿色丝线装饰金寿字。织金缎装饰帽沿。红缨结顶，缀长红缨。此帽形沿袭明代六合一统帽而来，也称为帽头。为燕居时穿着便装所戴，是晚清极为日常的一款帽子，常见于画像。（景闻）

青色素缎平金绣寿字纹帽

清（1644～1911年）
高14.5厘米，直径18厘米
故宫博物院藏

青色缎帽，织金缎帽沿，平金绣寿字，寿字以金线为主体，银线勾边，帽顶以平金绣云纹围绕着红绒结顶，呈现出简约风格，但又处处彰显着宫中的奢华。（景闻）

枣红色团龙纹暗花缎小夹袄

清乾隆（1736 ～ 1795 年）
身长 32.5 厘米，下摆 35 厘米，
袖长 60 厘米，袖口 8.5 厘米
故宫博物院藏

清代宫廷子嗣婴幼儿时期的便服。圆领、大襟右衽，平袖端，左右开裾，直身式袍。枣红色双龙戏珠暗花纹缎面料，水红色素绸里，内絮薄棉。领口，衣身缀带共三对，起固定之用。（杨紫彤）

白色素绸尿布

清同治（1862 ～ 1874 年）

边长 38 厘米

故宫博物院藏

尿布是中国传统社会长辈护理婴幼的重要物品。此尿布为绸制，并无花纹装饰，非常素朴，原藏玄穹宝殿，应为宫中幼童所用。（景闻）

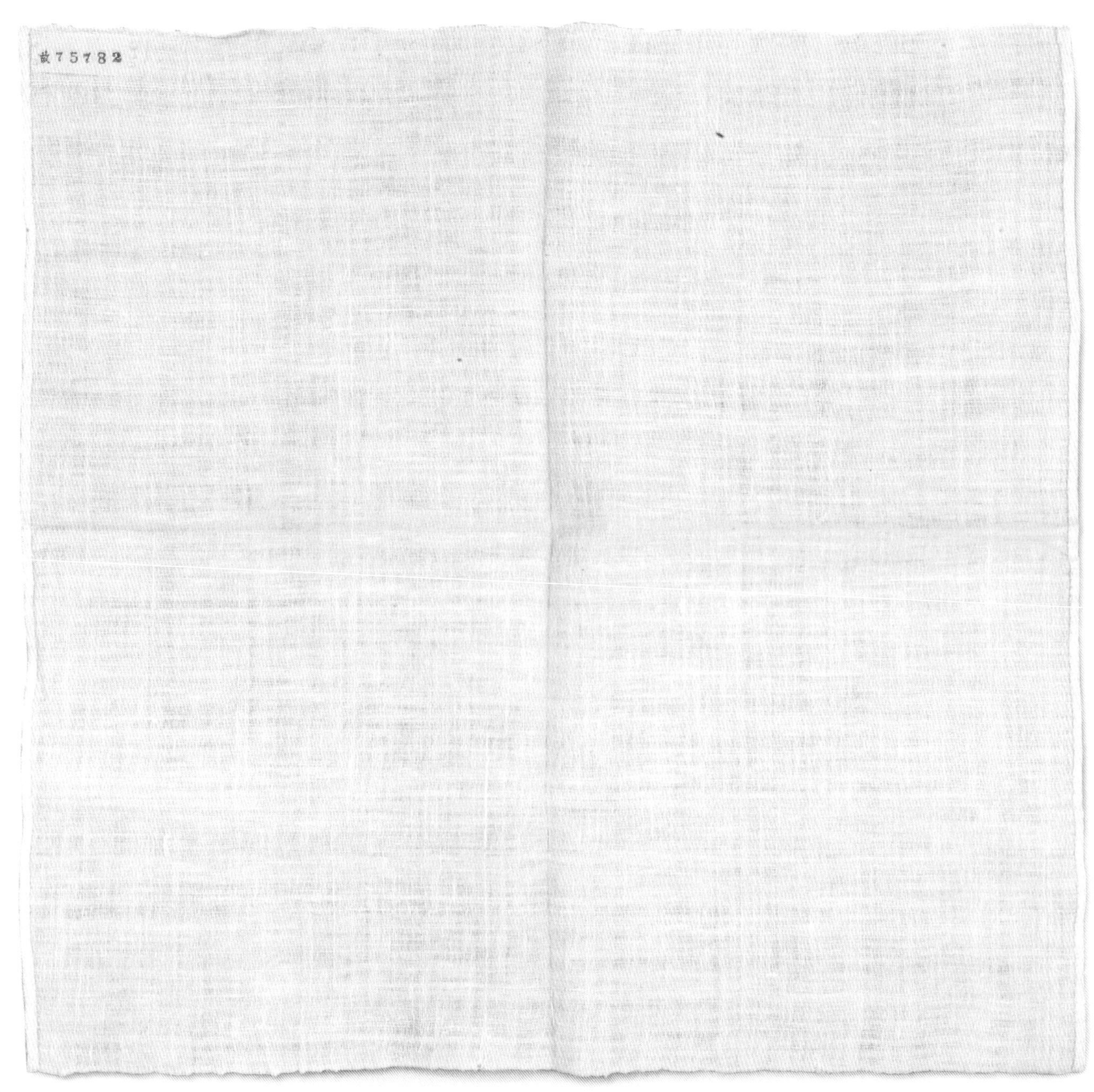

秋香色缎盘绦花卉纹小皂鞋

清嘉庆（1796 ～ 1820 年）
高 4.5 厘米，长 14.5 厘米，脚掌宽 5.5 厘米
故宫博物院藏

该鞋原先存放于寿康宫。根据鞋子的尺寸，推测其使用者为宫廷的儿童。鞋子较为素雅，在鞋面装饰少许花卉，使得整体简洁大方。鞋子设计合理，鞋带没有固定在鞋子两侧，而是置于鞋子后方，在固定处还缝制辅助穿鞋的布条，既可以保护鞋带，也便利鞋子穿用。（仇泰格）

青色缎钉绣虎头纹小棉鞋

清同治（1862～1874年）
高6厘米，长13.3厘米，脚掌宽5.7厘米
故宫博物院藏

根据鞋子的尺寸推算，这双鞋子是为宫廷之中的皇室儿童制作的。鞋子具有浓厚的中国传统特色，顶部所绣虎头，采用了夸张手法，用红、黄、白三种颜色为装饰，突出虎口、眼睛、鼻子等面目特征，突显了虎的威猛。鞋子口部采用中国传统的缝制方法，便于幼童穿用。（仇泰格）

黄色缎钉绒虎头纹鞋

清光绪（1875～1908 年）
高 6.8 厘米，长 21 厘米，脚掌宽 8 厘米
故宫博物院藏

根据鞋子的尺寸推算，其使用者可能是生活于宫廷的皇室儿童。根据清宫点查报告，这双鞋原先与众多不同尺寸的鞋子一起存放于养心殿体顺堂中的一个木箱中，点查时发现，箱子当时“内存各式鞋半箱”。鉴于这双鞋子和原先存放于箱子中的其他鞋子品相完好，未发现明显的穿用痕迹，因此推测鞋子可能是晚清时期为未来皇室的儿童准备，但又未来得及被人穿用的新鞋。（仇泰格）

永瑢平安如意图轴

清乾隆（1736 ~ 1795 年）
纵 91 厘米，横 34.7 厘米
故宫博物院藏

本幅自题“子臣永瑢恭画”，钤“子臣永瑢”朱文印，“夙夜滋恭”白文印。题“学馀游艺亦功夫，写作平安如意图。恰合岁朝呈吉语，永绵亿载奉慈娱。题永瑢所绘岁朝图恭进圣母，以博一笑。戊子新正御笔”，钤“乾”朱文印，“隆”朱文印，“万有同春”朱文印，“聊以观生意”白文印。另钤“臣庞元济恭藏”朱文印。

此图绘写松枝、梅花等插于花瓶之内，下陈如意一柄，设色轻淡，布局简洁，颇具文人雅趣。永瑢借花瓶、如意隐喻“平安如意”的吉祥含义，松枝、梅花则表达出长寿的祝福意愿。乾隆皇帝于乾隆三十三年（1768 年）正月御书七绝一首，并将此图进献给崇庆皇太后，传递了自己对母亲的孝顺与祝福。（汪亓）

學餘遊藝亦功夫寫作平
安如意圖恰合歲朝呈吉語
永綿億載奉
慈娛 題永瑢所繪歲朝圖恭進
聖母以博一噱 戊子新正御筆
子臣永瑢恭畫

木益智图

清（1644 ～ 1911 年）
长 12 厘米，宽 12 厘米
故宫博物院藏

益智图是在七巧板基础上发展演变而来的，是利用几何图形拼装图案的游戏玩具。益智图是由清代的童叶庚所创，在七巧板的基础上将组件发展到十五件，合起来是正方形，分开可拼接成各种图形，如博古图、八卦图、花卉图、风景图等，变化非常多。清代宫廷中也有很多诸如益智图等适合皇子或公主玩耍的益智类玩具。

此益智图，外有一木盒，上有“益智图”的字样，内共有黑色薄板十五件，有三角形、半圆形、菱形、长方形、正方形等，可以任意拼接。在盒的底部还有一幅马的肖像，从手法上看应该是孩童的素描作品。这种孩童的素描印记从侧面反映了这件益智图是宫廷皇子或公主曾经玩过的。（万秀锋）

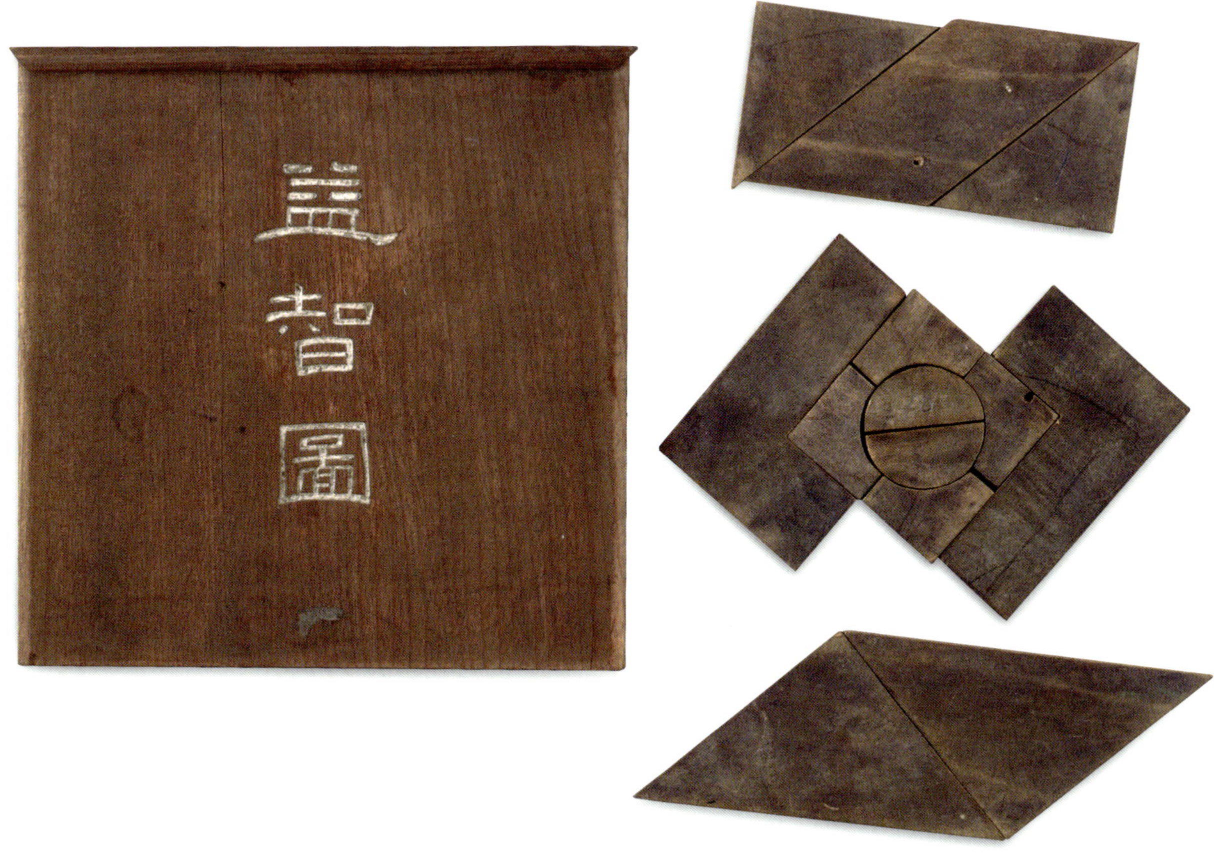
益智圖

铜投壶

清（1644 ～ 1911 年）

高 57.8 厘米，口径 9.8 厘米

故宫博物院藏

投壶源于古代的射礼，是射礼的一种变礼。投壶即将箭矢投到壶内，以投中的多寡分出胜负，是士大夫饮酒助兴时进行的投掷游戏。投壶游戏出现得很早，在《礼记》中就有记载，说明当时在诸侯士大夫间很流行。随着时代的发展，投壶也逐渐从射礼的变礼转变成一种游戏，娱乐性取代礼仪，为大众所喜闻乐见。

明清时期，投壶广受欢迎。现藏于故宫博物院的明代画作《明宣宗行乐图》中就有专门表现明宣宗朱瞻基投壶的场景。清代，作为骑射定天下的满族十分重视射礼的传承，投壶在宫廷中依然存在，并成为后妃和皇子们游戏的器具。（万秀锋）

木口风琴

清（1644 ~ 1911 年）
高 5 厘米，长 48 厘米，宽 10 厘米
故宫博物院藏

口风琴是利用气流在不同气孔的变化而演奏的乐器。19 世纪初，口风琴在欧洲出现开始广泛流行，并很快传入我国。清代宫廷中有很多来自西方的乐器，如钢琴、管风琴、口风琴等，这些西洋乐器深受清宫的欢迎，成为宫廷日常生活中重要的组成部分。

此口风琴，木质，上为木吹气口，琴身有十七个金属按键，对应十七个出气孔。演奏时，对吹气口吹气，手指按压相应的按键，演奏乐曲。从此口风琴的结构上看，应该是晚清时期进入宫廷的西洋乐器。（万秀锋）

出生伊始，皇子和公主即可得到悉心的照料，其服用充满了浓厚的宫中特色。年龄既长，皇子和公主可以得到相应的分例，无论是宫中用度，还是日常饮食，都有严格的规定，但其所服所用皆为精美之器。若逢生日与节庆，皇帝会赏赐一些物品。尤其是成年之后，皇子娶亲、分府与公主下嫁时，所得赏赐尤多。这些物品涉及生活的诸多方面，其来源多元，有的是宫中制作，有的是地方贡品，还有的是皇帝的御用物品，更是其中的上品。

铜镀金嵌料石盒

清（1644～1911 年）

通高 9 厘米，口径 17.7 厘米

故宫博物院藏

盒整体为铜镀金，呈花瓣形，盒身和盖子上雕有缠枝莲纹饰，并嵌有料石花朵。此盒多为清宫中女性使用，用来收纳小件首饰或者其他的小物件。此盒不仅外形美观，而且有较强的实用性。（许静）

金嵌松石盒

清（1644 ～ 1911 年）

通高 4.3 厘米，长 8.7 厘米，宽 7.2 厘米

故宫博物院藏

盒为海棠形，子母口，平底，由金累丝、镶嵌等工艺制成。通体铜钱纹铺地，口沿及底部皆饰以一周绳索纹。盒盖及盒身嵌松石组成团寿字、花卉等图案。小巧精致，原用于收纳玉器小件。是清代宫廷日常生活所用精美之器。（刘梦媛）

嵌玻璃錾铜镀金三角带表冠架

清（1644 ~ 1911 年）
高 26 厘米，长 27 厘米，宽 27 厘米
故宫博物院藏

清宫冠架材质多样，有瓷、漆、珐琅等等。此冠架整体为铜镀金，三弯腿支架。冠架顶端称为冠伞，是支撑帽子的部分，冠伞以小表为装饰，小表周围嵌有彩色料石；支架中为镂空卷草纹，每条腿上均嵌有等距离的蓝色透明珐琅和料石。支架为可折合式，可以收起，以方便收贮。这件冠架设计巧妙、做工精致，是清宫生活用具中的精品。（许静）

掐丝珐琅缠枝莲纹冠架

清（1644～1911 年）

高 30 厘米，口径 7 厘米，底径 14.3 厘米

故宫博物院藏

冠架为放置帽子之用，使用的时候，会在顶部放入香料，用来香熏帽子。因为工艺繁复且造价不菲，故采用掐丝珐琅工艺装饰的冠架极为少见，此件器物身上还嵌有雕琢精美纹饰的玉片，可谓罕见，实乃一件清代宫廷御用掐丝珐琅精品。皇子、公主若使用这种物品，主要依赖于赏赐。乾隆皇帝为皇子时，雍正皇帝赏赐其物品中，即有铜胎珐琅冠架。（王翯）

彩漆云蝠纹镜支

清（1644～1911年）
通高8厘米，长34厘米，宽25厘米
故宫博物院藏

镜支通体为黑漆地饰彩漆花纹，上有铜镀金合页，两侧有铜镀金拉环。盖上的花纹为蝙蝠、祥云、寿字、仙桃，这些都是中国传统纹饰中吉祥的象征；镜支边框上有回纹和“卍”字纹，铜镀金拉手做成团寿的样式。镜支打开之后，随着合页的折起，里面的玻璃镜顺势打开并可支起，以便使用者对镜梳妆。镜支的下面还有一层抽屉，外面有拉环可以将抽屉拉出，抽屉里面可以放置首饰或者脂粉等化妆用具。

这件镜支是清代宫廷中的女性日常使用的化妆用具，其外观别致、同时又具有很强的实用功能，是清代宫廷生活用具中的精品。（许静）

描金带彩黄杨木什锦梳具（一套）

清（1644 ～ 1911 年）
通高 4 厘米，长 30 厘米，宽 21 厘米
故宫博物院藏

梳具以锦匣盛装，锦匣盖为对开，上有缠枝莲纹。锦盒中共有梳具 25 件，包括黄杨木梳 9 把、竹篦 2 把、剔篦 2 把、刷子 8 把、扁针 2 个、胭脂棍 2 个。其中，大小不等的梳子用来打理头发，大的梳子用来整体梳理长发，小的梳子用来梳理局部碎发，如发梢、鬓角处。由于古代洗头发不方便，所以女性不像现在洗发那么频繁，头发脏了就会用篦子清除污垢，因此篦子是梳具中重要的组成部分，而剔篦就是用来清理篦子上的污垢的。刷子是用来整理碎发的，也俗称抿子。扁针是用来掖零散的发丝用的。胭脂棍则是化妆工具，在梳头结束后，用胭脂棍蘸上胭脂涂唇彩。

这套黄杨木梳具是清宫中女性梳妆使用的，材料名贵，做工考究，体现了清宫中女性奢华、别致的生活细节。在固伦和孝公主的妆奁中，即有黄杨木梳具 75 副。（许静）

青玉双莲蓬式盒

清（1644 ～ 1911 年）
高 11 厘米，长 32 厘米，宽 13 厘米
故宫博物院藏

青玉质，右侧一束莲梗，以盘带束扎，蜿蜒卷曲以为器底，上托两颗硕大莲蓬一大一小并立，莲蓬内底掏膛光滑。有盖，盖上剔地阴刻饱满莲子。另有荷花、荷叶沿器壁伸至另一侧。叶缘自然翻卷，叶脉阴刻清晰，线条流畅，生动逼真，给人以错落层次之视觉感受。此器旧藏永寿宫。

荷花出尘离染、品格高洁；莲蓬多子，寓意连生。这件器物以双莲蓬表达了多子多福，福寿绵长的朴素愿望，是古代人们对子孙繁衍的美好希冀。（刘晶莹）

青玉海棠式托杯

清（1644 ～ 1911 年）
通高：7.2 厘米
杯：高 6.2 厘米，口径 7.3 厘米，底径 3.5 厘米
杯托：长 12 厘米，宽 8.5 厘米
故宫博物院藏

本品为上等青玉质，杯为圆形，敞口，通体光素，圈足，附有椭圆海棠花式杯托，杯托底琢一周如意纹，整体造型简洁却不失意蕴。此类玉杯，制作精良，常成组出现，应为皇帝或高等级宗室、外藩使臣等宴会或典礼时使用。皇帝赐宴时曾有使用玉杯的记载，据道光帝御制《上元后一日吾弟惇亲王瑞亲王惠郡王养心殿赐食感赋》诗中："援笔不同花萼集，乘闲岂藉玉杯斟。天伦惇叙承家法，孺慕萦怀一样新。"（杨立为）

青玉带托杯

清（1644 ～ 1911 年）

通高：7.2 厘米

杯：高 6 厘米，口径 7 厘米，底径 3.8 厘米

杯托：长 15.5 厘米，宽 12 厘米

故宫博物院藏

通体为青玉质，玉质上乘，杯为圆形，口微外撇，通体光素，圈足，配有花瓣式椭圆青玉杯托，托下琢有四个方足，造型简洁，别有韵味。

清代的玉杯样式很多，有钟式、斗式、高足杯、荷叶杯等。此类杯盘的托盘较薄，有花瓣形、海棠式，椭圆形、委角等造型，其上或有花纹装饰或光素。一些玉杯用以赏赐皇子、公主，据《内务府奏销档》载，乾隆二十七年，和硕和嘉公主下嫁，就有玉杯六只、瓷器二百件为妆奁。（杨立为）

金镶玉匙

清（1644～1911年）
长16.9厘米，宽4.3厘米
故宫博物院藏

以黄金为匙头，白玉为匙柄，柄端琢为龙首式。此器为清宫典型的“金镶玉”器物，运用金、玉两种材质，搭配黄、白两种色彩，既体现了清宫器皿的工艺精良、富丽堂皇，又兼顾了作为饮食器具的功能性。（黄英）

金镶玉箸

清（1644 ～ 1911 年）
长 29.6 厘米
故宫博物院藏

以黄金为箸头，青玉为箸身，柄端嵌一金质圆形纽。此器亦为“金镶玉”器物，常与金玉匙、盘、碟等成套组合，用于清代宫廷筵宴。（黄英）

银提梁方火壶

清晚期（1840 ～ 1911 年）
高 18 厘米，长 25 厘米，宽 21 厘米
故宫博物院藏

壶银质，呈长方形。此壶形状较为普通，但令人奇怪的是壶的上部有两个开口，在侧面亦有一个开窗，与一般烧水用壶有较大区别。其实，该壶内部分为两个部分：一为加热空间，一为储水空间。加热部分位于中间，整体为圆形，顶部较大的开口即木炭入口，储水部分则围绕在加热设置的四周，顶部较小开口是注水处，既便于注水，也可防止倾倒时热水洒出。此外，壶的提梁与一般水壶也有不同。除壶顶部有防止烫伤，包裹竹篾两道提梁外，在壶流的对侧也有两道提梁，这是为了便于倾倒热水而设，安全而又实用。此壶既便于室内使用，也便于出行时携带。此壶的设计充满了生活的智慧，展现了古人极高的想象力和创造力。

除银质之外，宫中还有铜质、锡质的同款暖壶，体量也有大有小。除方形的外，还有圆形的，以满足不同皇室成员的使用。（滕德永）

月白缎绣蝙蝠勾莲纹荷包式火燫

清（1644 ～ 1911 年）
长 10 厘米，宽 6 厘米
故宫博物院藏

火镰是古人的取火工具。因其便于携带，且取火便利，清代皇帝曾令造办处大量制作，或自用，或赏赐皇子和文武大臣。清宫火镰制作精良，装饰华丽，用料奢华，具有典型的皇家色彩。火镰由火镰刃和火镰袋组成。火镰袋用以盛放火绒与火石，火镰刃用于生火。火镰袋以缎料制作而成，两面绣红色蝙蝠和桃子，寓意福寿绵延。在此件火镰袋中，存放有备用的火绒。（滕德永）

蓝色缂丝五蝠捧寿纹荷包式火镰

清（1644～1911年）

长9厘米，宽6厘米

故宫博物院藏

火镰由火镰袋和火镰刃组成。火镰袋黑地，上面装饰五福捧寿图案，蝙蝠红色，祥云蓝色，寿字金色，构图协调而又色彩鲜明。火镰刃较宽大，呈弧形，便于取火。在此件火镰袋中，亦存放有备用的火绒。（滕德永）

银錾花三层食盒

清晚期（1840～1911年）
通高16厘米，直径12厘米
故宫博物院藏

盒银质，圆形，通身装饰有卍字纹、喜字和具有吉祥意义的蝙蝠图案。盒分三层，第一层为子母口，底部内收，嵌入第二层中，使得既为其第一层之底，又为第二层的盖子。第二层的底部亦采用此种结构。这样不但解决了食盒的密封问题，而且使得三层之间连接在一起，便于携带。

银质器具是清宫皇室成员可以享用的重要物品，在皇子娶亲时，有相当数量的妆奁物品都是银制品。从此食盒的装饰看，应为婚礼时所用器具。（滕德永）

紫檀食盒

清（1644 ～ 1911 年）
通高 32 厘米，长 42 厘米，宽 25 厘米
故宫博物院藏

食盒由紫檀木制作而成，除提梁与底座连接之处装饰有花牙外，通体较素，以显示紫檀本色之美。食盒边角包有铜镀金饰件，以防止磕伤。

食盒初看四层，其实只有三层。最上层为盒盖，在盒盖与提梁之间有一根铜签穿过，用于固定食盒，防止运输过程中因盒盖脱落，打翻食物。下面三层可以盛放不同的食物，供皇子、公主等人出行时食用。贝勒永璘分府时，其御赐物品中有食盒二架。（滕德永）

“庆宜堂制”款金地粉彩白花纹碗

清嘉庆（1796 ～ 1820 年）
高 8.8 厘米，口径 23 厘米，底径 9.9 厘米
故宫博物院藏

碗敞口、弧腹、圈足。通体以粉彩装饰，碗内外壁及碗底均以金色为地，满绘花卉纹。外底书“庆宜堂制”四字楷书双方框款。

“庆宜堂”为恭王府内的匾额名，原置于锡晋斋。锡晋斋位于今恭王府西路第四进院落，是其主体建筑，在乾隆朝此府第的初创时期，已是府内一处重要建筑，规制特别、装修考究。嘉庆四年（1799年），清高宗十七子永璘受赐和珅旧宅，改其为庆王府，始在府内设“庆宜堂”。咸丰二年（1852 年），恭亲王入住后沿用此名，至其孙溥伟时改“庆宜堂”为“锡晋斋”并沿用至今。恭亲王奕訢有《庆宜堂避暑偶作》诗，记“庆宜堂”额为庆王府旧物，庆宜堂当为庆亲王永璘的常驻居所之一。此碗用“庆宜堂款”，则其烧制年代在嘉庆四年之后。（唐雪梅）

慶宜堂製

“庆宜堂制”款紫地梅花图碗

清嘉庆（1796～1820年）
高7.5厘米，口径17.9厘米，底径6.7厘米
故宫博物院藏

清代文人多以自己喜居的建筑名作为字，并将其署在日用、赏玩器具之上。清代皇帝亦有此做法，皇室成员更有追随者。在瓷器上使用自己的字号，需在器物制样、设计之初便向瓷窑作坊定制，更有自己对器物定样设计的情况。

此碗的装饰技法、主题图案、署款方式，均仿乾隆朝以前的瓷胎画珐琅器。雍正朝便曾制作出梅树配以诗文的瓷胎画珐琅，器型包括碗、盘等，有白地、黄地、黑地等主色，烧制工艺、装饰技法精湛。此碗施彩工艺及其所用的梅花图当均仿自其样。碗外底署料彩款，并用四字正书、外围双方框，亦与康熙、雍正朝高等级瓷胎画珐琅器的落款方式相近。这些特点表明，这件器物与雍正、乾隆朝御窑瓷器有着紧密的关系，体现出其主人的品位、身份与经济实力，由此更可以想见庆王府等皇室成员宅邸中日常生活的优雅品质。（冀洛源）

“庆宜堂”款斗彩缠枝花卉纹盘

清嘉庆（1796～1820 年）、道光（1821～1850 年）、咸丰（1851～1861 年）
高 3.7 厘米，口径 19.7 厘米，底径 12.0 厘米
故宫博物院藏

此盘以内壁为装饰主题，纹样与同时期御窑器物所用的装饰纹相近。相比之下，外壁装饰略显随意。内、外壁纹饰的组合方式，与清代前期同类御窑器物所见的内、外壁均用装饰纹，或内壁用单幅画样作为主题装饰的情况均有差异。署“庆宜堂”款，表明其可能属嘉庆朝以后的王府用瓷。以红彩楷体署款的方式，更与晚清御窑堂名款瓷器的做法相一致。

这些特点表明，此盘在一定程度上借用了中晚清御窑瓷器的装饰技法，但制样、烧制工艺水平均略有不及。这类器物是介于御窑与民窑瓷器之间的一个特殊类型，其工艺技术上呈现出的独特面貌，可能与器物主人的社会身份相对应，使我们能够由物见人，窥见王府所居皇室成员的日常生活情况。（冀洛源）

底款

“嘉乐堂制”款青花云龙纹高足碗

清乾隆（1736～1795年）

高13.6厘米，口径17.1厘米，底径7.2厘米

故宫博物院藏

碗敞口、斜壁、弧腹，下置高足，足端外撇。通体以青花装饰，碗外壁及碗心绘云龙纹，足外壁以弦纹分为三部分，分别绘有连珠纹、蝠纹及海水龙纹。足内壁书青花“嘉乐堂制”四字篆书单行款。

“嘉乐堂”为恭王府内的匾额名，此匾为和珅居住于此期间所用，和珅还留有《嘉乐堂诗集》存世。后在庆王府和恭王府时期，“嘉乐堂”匾额原悬挂位置即为“庆宜堂”和“锡晋斋”，现“嘉乐堂”匾则被挂至银安殿后神殿大门处。（唐雪梅）

底款

古人认为“长寿、富贵、健康安宁、美德、善终”为五福，而五福也是人们对美好生活的期盼。清宫具有浓厚的“福”文化氛围，皇子、公主穿用的衣服，佩戴的饰品，室内的陈设中，都有许多“福”字，或者是寓意吉祥的“蝙蝠”“葫芦”等纹饰，谐音为“福”。在建筑中更有五福五代堂，体现出宫中对福的追求。过年时，清帝还要御笔书福，赐予王公大臣。皇子、公主时刻为“福”所环绕，但他们必须时刻保持谨慎，不能有大的过错，才能令“福”相伴终身。

点翠镶料石葫芦花蝶纹头花

清晚期（1840 ～ 1911 年）

通长 16 厘米，簪花横 14.5 厘米，纵 5.5 厘米

故宫博物院藏

这对头花使用了点翠工艺装饰，镶嵌有翡翠、珊瑚、彩色玻璃，拼出了花卉、葫芦、蝴蝶的样子。“葫芦”与“福禄”谐音，“蝶”与“耋”谐音，首饰通过谐音关系，取长寿吉祥的寓意。首饰的包装盒上贴有白签，写有“郡王衔多罗果敏贝勒奴才载瀓次女跪进”字样。由此可知这套首饰为恭亲王长子载澄之女进献宫廷。(仇泰格)

点翠镶料珠万蝠葫芦纹头花

清晚期（1840 ～ 1911 年）
通长 13 厘米，簪花横 11.5 厘米，纵 5 厘米
故宫博物院藏

此类首饰称为“头花”，又称“簪”，如果使用点翠工艺装饰，则又可称为“翠花”，一般成对出现，插戴于头两侧，为典型的满族妇女首饰。这对头花使用了点翠工艺装饰，镶嵌有红珊瑚、米珠、翡翠、碧玺，拼出了万寿篆字、蝙蝠、寿桃、钱等吉祥图案，取长寿、福禄、财源广进的吉祥寓意。首饰的包装盒上贴有白签，写有“和硕恭亲王溥伟夫人”字样，由此可知这套首饰为恭亲王溥伟夫人进献宫廷。（仇泰格）

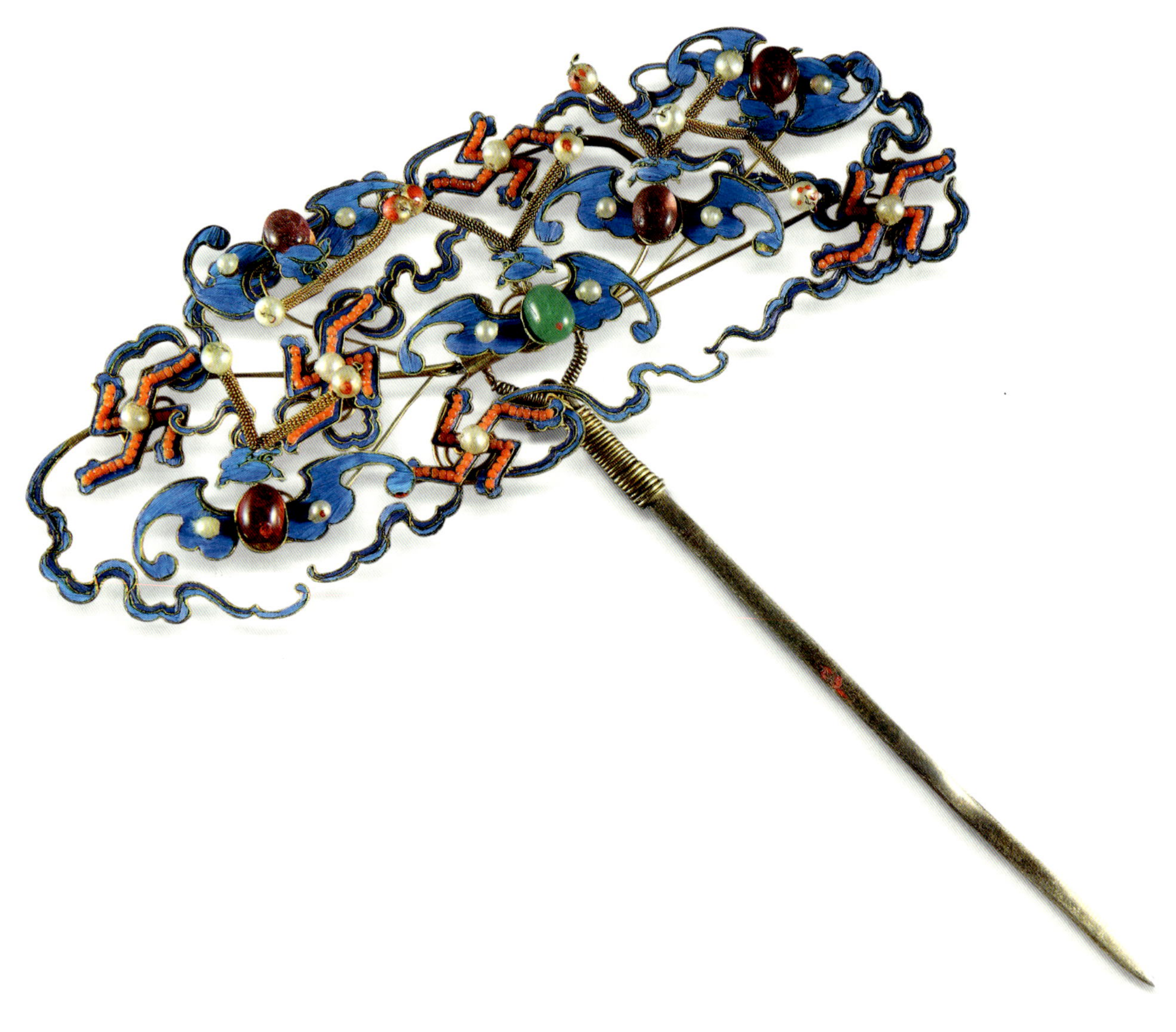

点翠镶料珠万福纹头花

清晚期（1840 ～ 1911 年）
通长 16 厘米，簪花横 13.5 厘米，纵 5 厘米
故宫博物院藏

点翠头簪主体纹样为五只蝙蝠，祥云围绕，万字纹装饰点缀，寓意“万福”簪挺錾刻“宝华足纹”，应是从宫外银楼购入。头簪外包装为五福捧寿玻璃盒，玻璃盒一角贴白签，书“和硕恭亲王溥伟夫人奴才跪进”。从头簪纹样和外包装推测此件头簪为溥伟夫人由宫外购入进献。头簪纤细华丽，以料珠装饰，是典型的晚清首饰风格。（景闻）

金镶宝石蝙蝠簪

清（1644～1911年）
通长9.8厘米，宽4厘米
故宫博物院藏

金质，采用累丝、錾刻、镶嵌工艺制成。首端呈展翅蝙蝠形，上嵌大小不一的红宝石三、蓝宝石二、珊瑚珠二、料珠一，边缘附一周点翠。末端呈长针状。配色精美，制作精良。蝙蝠谐音“福”，有祈福纳吉之意。（刘梦媛）

翠镂空蝙蝠佛手石榴纹耳挖簪

清晚期（1840 ～ 1911 年）
通长 19 厘米，宽 1.7 厘米，厚 0.2 厘米
故宫博物院藏

镂雕蝙蝠、佛手、石榴纹样，寓意福寿多子。耳挖簪是晚清流行的头簪式样，耳挖簪所选翡翠材质也是晚清首饰喜爱使用的材质之一。这件耳挖簪根据文物参考号可知旧藏于咸福宫中。（景闻）

玳瑁镶珠石花卉福纹扁方

清（1644 ～ 1911 年）

通长 33 厘米，宽 3 厘米

故宫博物院藏

扁方为满族妇女打扮旗头时使用的横向扁长簪。这件扁方为玳瑁制作，扁方两端使用了花丝工艺铺地，再在上面镶嵌了翡翠、碧玺、珍珠等材料，拼出了佛手、梅花、桃子等图案。根据清宫点查报告，这件扁方来自寿康宫内一件楠木雕龙大柜的首饰匣中。（仇泰格）

银镀金点翠嵌珠石福禄扁方

清晚期（1840 ～ 1911 年）
通长 32.3 厘米，宽 3.3 厘米，簪头宽 4 厘米
故宫博物院藏

扁方为银镀金材质，扁方中央做海棠开光式样，两端镶嵌红色宝石、碧玺葫芦，翡翠镶嵌叶蔓，一侧为点翠蝙蝠。整件扁方以葫芦、蝙蝠纹样寓意“福寿”。扁方是满族女性梳两把头时必备的发饰，是燕居穿着便装时最常用到的日用物品。此件扁方纤细华丽的装饰风格，翡翠、碧玺、翠羽材质的使用，与晚清宫廷首饰喜爱的风格及材质相吻合。（景闻）

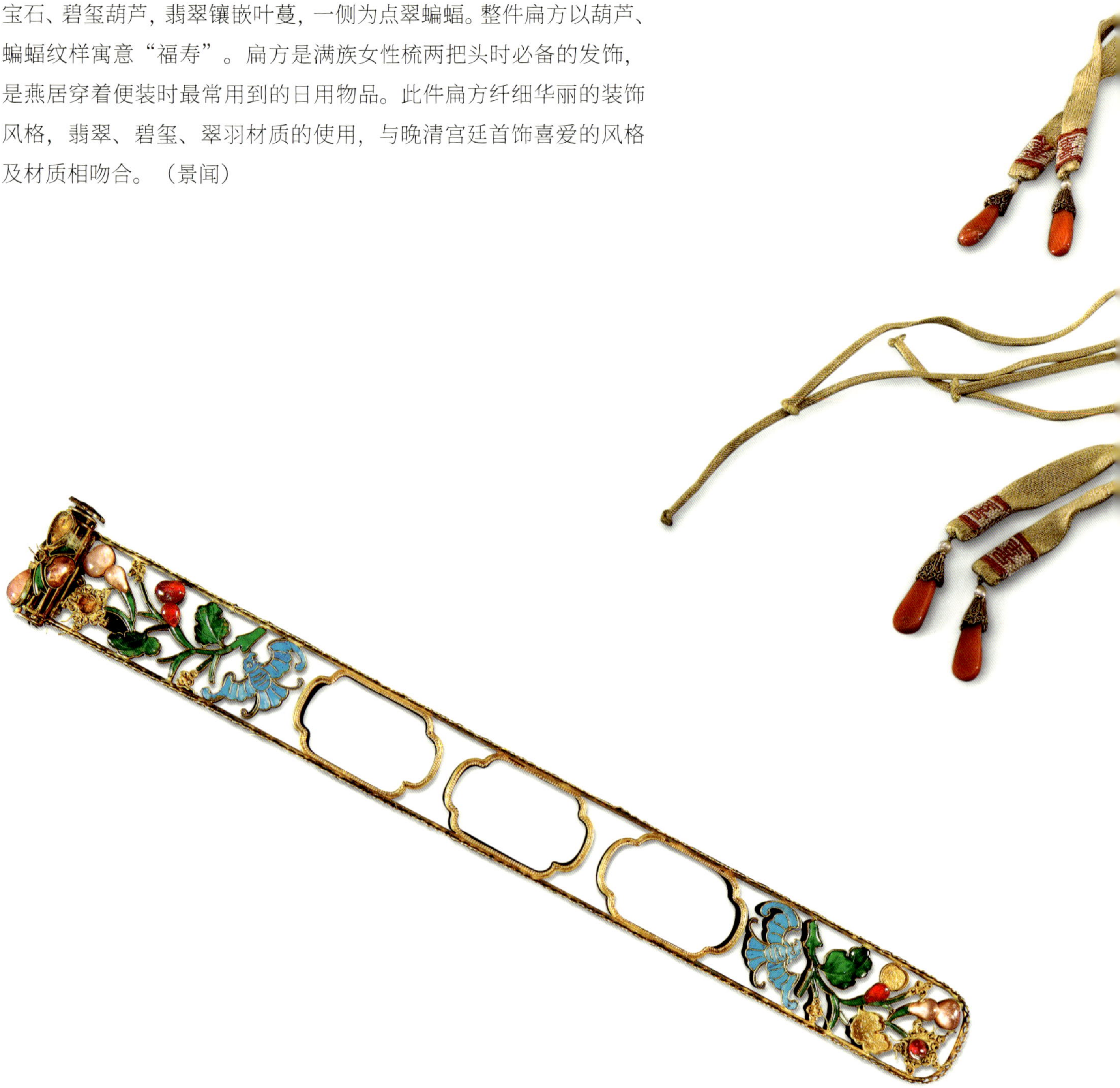

金镶石项圈

清（1644～1911 年）

通长 53 厘米，内径 16 厘米，外径 18.8 厘米，全重 164.5 克

故宫博物院藏

金质，圆环形，开合式。采用錾刻镶嵌工艺加工而成，通体錾刻蝙蝠纹、双喜字。由三节组成，正中一节嵌青金石、绿松石和红珊瑚，左右两节各以球形转钮与中间相连，在颈后部留出一个活口。活口处各系黄色绦带一条，冠以喜字结扣，丝绦中段系红珊瑚双蝠捧团寿字坠，末端有红珊瑚坠角各二。使用时打开金圈，由项间套入，丝绦垂于背后。此物应为大婚时所用。

项圈，即领约，是清代后宫女眷朝服的配套饰物之一，用于约束颈间衣领，装饰颈部。质地有铜镀金、银镀金等，其上可嵌珊瑚、东珠、宝石等，依所嵌珠宝品类、数目及丝绦颜色区分品级。《大清会典》记载固伦公主、和硕公主领约“镂金饰东珠七，间以珊瑚，两端垂金黄绦二，中各贯珊瑚，末缀珊瑚各二。”（刘晶莹）

银镀金珠石累丝指甲套（一对）

清（1644～1911年）
长9.1厘米，口径1.3厘米
故宫博物院藏

银镀金指甲套一对，通体连钱纹，在指甲套底端以金属胎体制作蝙蝠和长寿字纹样施以点翠，点翠大多脱落。蝙蝠和长寿字中央镶嵌红色宝石与珍珠。纹样寓意“福寿”，是常见的祝福题材。（景闻）

银镀金镶珠石镯（一对）

清（1644 ～ 1911 年）
直径 5.8 厘米，宽 1.8 厘米
故宫博物院藏

银镀金手镯，以金属为胎体制作花叶枝蔓，镶嵌红宝石、蓝宝石、翡翠、米珠。手镯开口处为蝴蝶造型的卡扣设计。手镯花叶枝蔓部分纤细华丽，是晚清宫廷所喜爱的装饰风格。（景闻）

银镀金手镯（一对）

清（1644～1911年）
内径4.6厘米×5.8厘米，外径5.8厘米×6.8厘米，宽1厘米
故宫博物院藏

银镀金手镯呈椭圆形，手镯通体为冰梅纹样，玲珑剔透。由文物参考号可知，此件手镯旧藏于咸福宫内。（景闻）

银镀金手镯（一对）

清（1644～1911年）

直径9厘米，宽2厘米

故宫博物院藏

银镀金手镯，手镯通体为二龙戏珠纹样。两龙头所对处为手镯的开合卡扣。由文物参考号可知，此件手镯旧藏咸福宫内。（景闻）

白玉浮雕花卉纹手镯（一对）

清（1644 ～ 1911 年）

内径 5.4 厘米 ×5.9 厘米，外径 7 厘米 ×7.8 厘米，厚 1.2 厘米

故宫博物院藏

手镯白玉无瑕，玉质温润。呈椭圆形，器表浮雕六朵牡丹花卉，枝叶相连。上下边沿平面处阴刻一圈回纹。玉质手镯新石器时代就已出现，发展到清代，和我们现代手镯形制基本一致，圆口较多，也有这种椭圆口的手镯，镯身多雕琢花纹，细腻精致。（徐琳）

底款

银鎏金福寿盒

清（1644 ～ 1911 年）
高 3.8 厘米，口径 12.2 厘米
故宫博物院藏

银鎏金方盒。盒面鎏金錾刻“寿”字纹，四周蝠纹团抱。盒盖合页居中，两侧对称开启，分两格，内置花卉纹绣片垫底。四壁随盒面纹饰凹凸起伏。底部刻“二两平重拾两零二钱”，戳印“巨和”“足纹”款。

清宫旧藏这类仅手掌大小的银质小盒有数十件，有的合页盖，有的匣套转盖，有的内置银屉，有的内置一面小镜。从这件内部分格情况来看，作粉盒用，也就是清代宫中女眷的化妆盒。（翟毅）

碧玺带翠福寿佩

清（1644～1911年）
高4厘米，宽4厘米，通长11厘米
故宫博物院藏

佩是清人挂坠在衣襟上的装饰物。这件佩由碧玺晶体雕成，碧玺在清代末年是广受欢迎的宝石品种，价钱可达到水晶的百倍以上，而碧玺中最受市面欢迎的，又有“桃花红”“秋葵黄”“玫瑰紫”三个颜色的品种。这件碧玺即是由其中的“桃花红”碧玺雕成，刻出了寿桃图案，取长寿的寓意。（仇泰格）

翠镂双蝶双喜佩

清（1644～1911年）
高5.6厘米，宽3.4厘米
故宫博物院藏

翡翠佩，透雕蝴蝶双喜纹饰，蝴蝶上下相对展翅，双喜字居中。明黄色双股绦带，串饰粉色碧玺珠，并系以浅黄色与紫色丝穗。（景闻）

铜胎画珐琅五福捧双喜字葫芦纹带座把镜

清（1644～1911 年）
高 38 厘米，宽 17 厘米
故宫博物院藏

把镜圆形，长柄，可与镜座插合，支立于桌面。通体铜胎画珐琅工艺装饰。镜背圆形开光内浅蓝地上，描绘五只蝙蝠环绕中心的红色双喜字，寓意“福喜双全”。镜把以黄釉作地，满绘彩色葫芦纹，寓意“福禄万代”。镜座分两部分：上部直立，用于固定镜柄，宝蓝地上彩云缭绕、瑞蝠飞舞，双面各书一双喜字；底部用于承托，下出四足，四面宝蓝地上缠枝花卉纹。从装饰纹样看，此物应为清代广州生产的婚庆用品，专供宫廷使用。（施磊）

底款

里白地矾红彩福寿纹外粉彩团花纹盘

清道光（1821 ～ 1850 年）
高 3.3 厘米，口径 14.9 厘米，底径 8.9 厘米
故宫博物院藏

盘撇口，弧腹，圈足。通体施白釉，粉彩装饰。盘里心绘矾红彩五蝠纹，中心绘团寿纹，外壁粉彩均匀装饰牡丹纹、荷莲纹、菊花纹、梅花纹，花卉间隙以朵花纹点缀。外底篆书“大清道光年制”六字三行款。（张涵）

铜胎画珐琅花卉瓜瓞福寿图高足碗

清（1644～1911年）
高10厘米，口径14.2厘米，底径6.6厘米
故宫博物院藏

高足碗又称“马上杯”“把盏”，原是草原民族的生活用器，是元、明、清三代常见器物造型，并以各种不同工艺呈现，此高足碗为铜胎画珐琅工艺。碗外壁饰花卉瓜果蝴蝶纹。碗内中心圆圈内变体寿字，外围五只蝙蝠，为五福（蝠）捧寿纹。高足纹饰也以花果为主。清代宫廷器物上的纹饰大多蕴含寓意，此高足碗的纹饰包含了传统中喜闻乐见的华贵、富足、昌盛、福寿的祝福。（邢娜）

嘉庆款粉彩缠枝莲福寿纹瓶

清嘉庆（1796～1820年）
高17厘米，口径3厘米，底径6厘米
故宫博物院藏

瓶直口，长颈，弧腹，圈足。通体施黄釉，粉彩装饰。颈部绘缠枝莲纹，肩部二周描金，腹部描金篆书寿字、蝠纹，以及缠枝莲纹，寓意吉祥。外足处绘回字纹。外底施松石绿釉，矾红彩“大清嘉庆年制”六字三行篆书。（张涵）

底款

“乐道堂主人制”款斗彩缠枝莲纹高足盘（一对）

清晚期（1840～1911年）
高6.5厘米，口径16厘米，底径13厘米
文化和旅游部恭王府博物馆藏

此对盘通体四方委角形，微撇口，浅腹，委角方形喇叭式高足，足内以青花竖行书写“乐道堂主人制”六字楷款。盘心纹饰用青花料绘四方形双边开光框，框内以浅绛粉彩绘松鹿灵芝图案。盘的外部纹饰分为上、下两部分。上半部为盘的外壁，口沿施金彩一周；下半部为盘的高足，由两条金彩绘出的双线将其分隔为三层，上层

底款

为光素无纹饰，中层绘有与盘外壁大体相同的西番莲缠枝纹饰，下层近底足处以绿釉施底色，再在绿釉之上用墨彩绘出回纹。

“乐道堂”之名出自道光二十八年（1848 年）皇帝御赐皇六子奕訢的一道匾额。奕訢即以“乐道堂”为堂号，并自署别号为“乐道主人”。（孟庆重）

金大吉葫芦挂屏（一对）

清（1644～1911年）
长43厘米，最宽28厘米
故宫博物院藏

葫芦谐音“福禄”，且形似“吉”字，寓意大吉大利，是富贵长寿，吉祥平安的象征。这件挂屏构思精巧，虽为平面造型却立体感十足。工艺繁复，采用錾刻、累丝、镶嵌的制作手法，色彩艳丽，尽显富丽奢华。用于室内装饰，富有浓郁的皇家气息，为清代典型的宫廷陈设品。

挂屏八成金制，呈葫芦造型，因器身似“吉”字而得名。葫芦口錾刻卷云纹，一金蝙蝠趴于口沿处。器身以累丝古钱纹为底，有上小下大两个圆腹，腹内饰圆形开光，开光中央以青金石镶嵌楷书“大吉”两字。字的周围以翡翠、松石、珊瑚、碧玺等各色宝石饰八吉祥一圈，寓意吉祥福瑞。圆形开光为内外两圈，分别起回纹和云纹为框，两个边框之间嵌红宝石一周。葫芦腰间系蝴蝶结绶带，结上镶碧玺，四端以青金石和红珊瑚镶嵌出蝙蝠造型，绶带两端沿圆腹飘逸至底部，上以松石、碧玺勾勒出花叶纹。（刘晶莹）

青玉松蝠鹤灵芝式如意

清（1644～1911 年）
长 41 厘米，宽 11 厘米
故宫博物院藏

如意青玉质，作灵芝式。如意首部雕饰仙鹤、蝙蝠及松枝，柄身盘绕松枝，寓意福寿绵长。

如意因其吉祥含义在清代使用普遍，可赏玩、陈设、做赠送礼品，无论宫廷、王府还是民间，都有使用。由于用整玉雕琢如意颇为费料，此类雕刻精美的玉如意在当时价值高昂。据记载，乾隆年间的一柄玉如意可卖到四千两白银，以至于在乾隆晚期，乾隆帝曾一度下旨停止整玉如意的制作。（张林杰）

白玉嵌彩石五蝠捧寿纹如意

清（1644～1911年）
长39.8厘米，宽8.7厘米
故宫博物院藏

如意白玉质，玉质温润，首部以黄石镶嵌五福捧寿纹，柄身以各色石镶嵌杂宝纹，尾部嵌碧玺并系黄丝穗。五福捧寿纹即为五只蝙蝠围绕一团寿字，取“蝠”和“福”谐音，五蝠即五福也。据《尚书》记载，五福为：“寿、富、康宁、攸好德、考终命”。

如意是一种象征祥瑞的器物，柄微曲，由古之挠痒工具、前端作手形的爪杖发展而来。其材质多样，有竹、木、铜、金、玉、石等。此类玉如意因其贵重，一般为皇室贵族才能使用。（张林杰）

沈全画清平五福图轴

清（1644～1911年）
纵75.4厘米，横29厘米
故宫博物院藏

在中国传统文化中，蝙蝠的“蝠”字谐音通“福”，代表着福气和好运。在许多绘画和器物的图案中经常可以出现五只蝙蝠的形象，它们代表了“五福”，体现了中国人对美好生活的向往与祝福。后世也有人认为五福为“寿、富、贵、安乐、子孙众多”。（周耀卿）

屈兆麟画寿山福海图轴

清晚期（1840～1911年）
纵185厘米，横76.5厘米
故宫博物院藏

福山寿海是清宫绘画中常用题材。此图中绘制山石、海浪以及蝙蝠，通过谐音表现“福如东海，寿比南山”的寓意。作者在巧妙地利用翻飞的蝙蝠、奔腾的浪花与山石形成有趣的动静对比，作品中充满祥和安宁的意境。

屈兆麟（1866～1937年），字仁甫，北京人，自幼师从清宫如意馆画师张乐斋习画，十八岁经张乐斋推荐进入清宫造办处如意馆承差，后升至如意馆司匠长，曾为慈禧代笔。其花鸟画精细艳丽，具有装饰性，民国后以鬻画为生。（周耀卿）

康熙皇帝行楷书福字斗方

清康熙（1662 ～ 1722 年）
长 60 厘米，宽 60 厘米
故宫博物院藏

清代御赐福字，始于康熙。每逢腊月初一，皇帝常于云龙纹红笺上御书福字，张贴于乾清宫，此后再写数十幅，贴于其他宫殿，并赏赐皇子、王公大臣人等。赏赐名单由奏事处先拟出，最终由皇帝钦定。

相传，御书第一福字之笔为康熙皇帝御用，上镌刻四字：“赐福苍生”，经用百有余年而圆劲如新，被视为国家吉祥之物。（秦崇泰）

雍正皇帝行楷书福字斗方

清雍正（1723～1735年）
长60厘米，宽60厘米
故宫博物院藏

乾隆皇帝行楷书福字斗方

清乾隆（1736～1795年）

长60厘米，宽60厘米

故宫博物院藏

嘉庆皇帝行楷书福字斗方

清嘉庆（1796～1820年）
长60厘米，宽60厘米
故宫博物院藏

道光皇帝行楷书福字斗方

清道光（1821～1850年）

长60厘米，宽60厘米

故宫博物院藏

叶赫那拉氏行楷书福寿二字轴

清同治十年（1871 年）
纵 269 厘米，横 105 厘米
故宫博物院藏

此轴为慈禧太后书于云龙纹红笺上的福、寿二字。据裱绢墨书可知，此福、寿二字由“慈禧皇太后”于“同治十年六月二十八日”作，赐予“奕譞之次子”。奕譞之次子载湉，即光绪帝，而“同治十年六月二十八日”恰是其出生之日。所以本作应是慈禧太后于光绪帝出生之日对载湉的御书赏赐，但因彼时载湉甚为年幼，遂由其父奕譞代为领赏。

在载湉出生时，慈禧太后赐其御笔福寿字轴，应是其真实意图。从载湉父亲方面而言，慈禧太后是载湉的伯母，而从载湉母亲方面而言，慈禧太后又是他的姨母。更为重要的是，此时的同治皇帝恰逢盛年，慈禧太后希望他的侄子兼外甥健康长寿，故有是赐。（秦崇泰）

恭王府藏康熙御笔“福”字拓片

纵 125.3 厘米，横 59.6 厘米
文化和旅游部恭王府博物馆藏

恭王府里与“福”有关的建筑和景观，有多福轩、福镜楼、蝠（福）池、蝠（福）殿等。康熙的御笔福字刻一块石碑上，深藏在花园滴翠岩下的秘云洞内，碑身长 129 厘米，宽 54 厘米，碑面正中是一个字径 59 厘米 ×33 厘米的“福”刻字，“福”字正上方钤刻有“康熙御笔之宝”。整个“福”字，笔意纵横，圆润中透着古朴、苍劲，是康熙帝难得一见的大幅榜书。根据 20 世纪 30 年代末的老照片推断，此“福”字碑当为清代遗存下来的旧物。恭亲王奕訢有一同僚兼好友，名宝鋆，号佩蘅，光绪十二年（1886 年）的某天，曾得到恭亲王专门赠送的圣祖仁皇帝的“福”字朱拓，宝鋆深受感动，写诗致谢，并专门辟室悬挂。疑奕訢所赠的“福”即拓于花园内的康熙御笔福字碑。

中国人福字书写法超过 100 种，但恭王府藏康熙御笔“福”字，却与众不同、独具特色，其最大特色是字形结构特殊，字里充满着吉祥福贵之气。有民俗专家解读说，此“福”左边似“子”似“才”，右边似“寿”，“寿”字上部似“多”，下部似“田”，综合起来表达的是多子、多才、多田、多寿、多福的寓意。（张军）

清代皇帝非常重视皇子的教育。康熙帝时期，逢有巡幸、出征，皆会令一些皇子随行，令他们跟随学习处理政务，玄烨还曾亲自教导皇子学习西学。雍正时期在乾清宫区域设立上书房，作为皇子读书学习之处。嗣后，清帝选择学识渊博之士充任上书房师傅，令其教授四书五经等治国之道。上书房之外，还在西苑、南苑、圆明园、避暑山庄等处也皆有皇子读书学习场所，满足其随时学习的需要。也正因如此，清代皇子中名人辈出，有精通数学、乐律的庄亲王允禄，工诗善画的永瑢，具有极高书法造诣的永瑆等。

清人画旻宁行乐图轴

清道光（1821 ～ 1850 年）
纵 111 厘米，横 294.5 厘米
故宫博物院藏

本幅钤“慎德堂宝”“道光”“日进无疆”印。

此图为宫廷画师所绘，代表了晚清的宫廷绘画风格。描绘的是清道光皇帝与众皇子、公主欢聚行乐的情景，场景当为圆明园。画中的道光皇帝气度优雅，手持鼻烟壶，坐于“澄心正性”亭中，慈

祥地注视着自己的孩子玩耍。而“芳润轩”亭中坐着的皇四子奕詝则是后来的咸丰皇帝，皇六子奕訢则是后来精于洋务的恭亲王，他们当时正在父亲的注视下读书。正在放风筝的皇七子奕譞、皇八子奕詥、皇九子奕譓尚还年幼，其中皇七子奕譞正是后来宣统皇帝溥仪的爷爷。而画中的两位公主，一为寿安固伦公主，道光皇帝的第四女，一为寿恩固伦公主，道光帝的第六女。（李天垠）

吴偁画杜受田观瀑图像卷

清（1644 ～ 1911 年）
纵 41 厘米，横 140 厘米
故宫博物院藏

杜受田（1787 ～ 1852 年），字芝农，山东滨州人。历任内阁学士、工部、户部侍郎、工部、礼部尚书等职，并充任咸丰帝奕詝师傅。杜受田任咸丰帝奕詝师傅十七年，尽职尽责，深得咸丰帝信任。清代皇帝京中居住时，常在南苑射猎，皇子亦多随行。道光皇帝曾令皇四子奕詝和皇六子奕訢在南苑较射。奕詝知自己不如奕訢，以杜受田所授“不忍杀生”为词，投道光皇帝所好，并最终获取帝位。杜受田因“触暑染疫”而逝，谥号“文正”。（周耀卿）

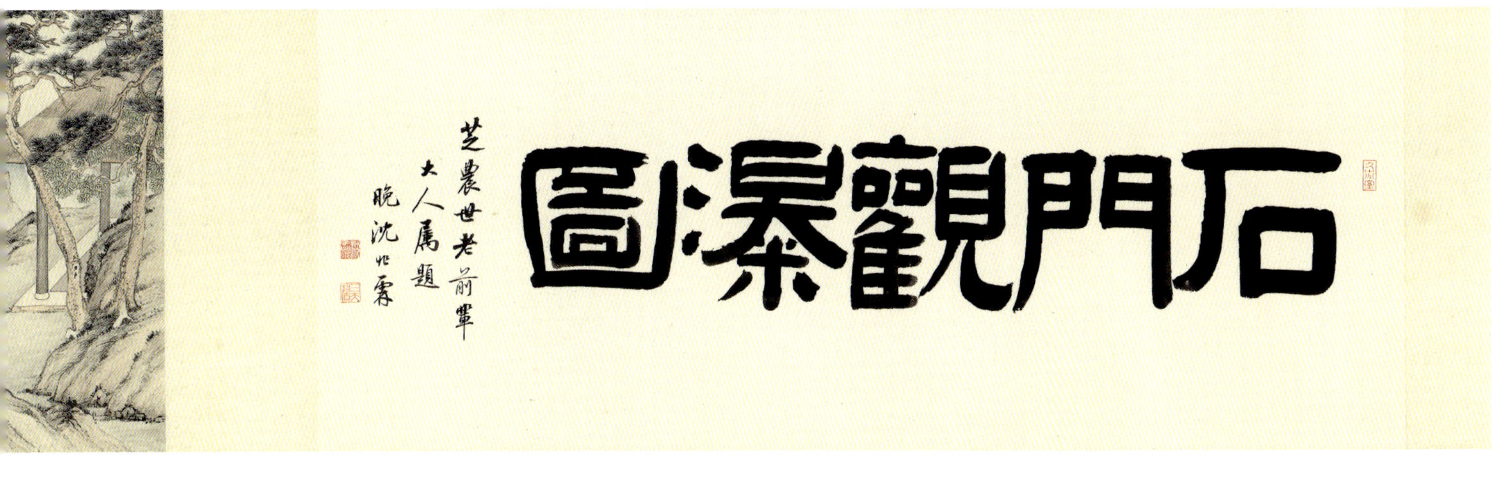
石門觀瀑圖
芝農世老前輩
大人屬題
晚沈兆霖

铜鎏金葫芦暖砚书灯冠架

清乾隆（1736 ～ 1795 年）

通高 28.5 厘米，长 26 厘米，宽 25 厘米

故宫博物院藏

铜鎏金制，由五个大小葫芦相连而成。其中间的大葫芦巧作为端石铜匣暖砚，左右对称两对葫芦形器，一对呈横卧状，可用作贮物盒；另一对呈直立葫芦形，其一为水丞，其二为书灯，书灯上铜蜡扦可拆装组合，置于盒内。葫芦形砚盖高擎又可作冠架，其上装饰鎏金蝙蝠捧团寿纹，寓意福寿吉祥。

此件器物造型独特，设计新颖，尤其是铜匣暖砚的组合形式，极具宫廷特色，是一件集多功用为一体的实用文房陈设。

暖砚在唐宋时期已颇为流行，是一种冬季用砚，清代宫廷御用暖砚形式更为多样，常见的有铜匣、铜镀金匣暖砚或掐丝珐琅匣双面暖砚等。除去政务用砚外，还有赏赐皇子读书之用。（赵丽红）

竹雕灯草纹笔筒

清（1644 ～ 1911 年）
高 13.3 厘米，口径 9.1 厘米，底径 9.4 厘米
故宫博物院藏

笔筒呈圆筒形，略扁。筒身为竹制，器壁较厚，外壁雕规律的纵向凸棱，似家具工艺中细而圆润的“灯草纹”。内壁髹黑漆。镶紫檀木底，下承五矮足。

据《故宫物品点查报告》记载，清室善后委员会点查清宫文物遗存时，此件笔筒存放于上书房，与砚、墨盒、水丞等物品同置于一木箱内，应是皇子入学时的学习用品。（温馨）

竹管净羊毫笔

清晚期（1840 ～ 1911 年）
管长 18.6 厘米，管径 1.2 厘米；
帽长 11.9 厘米，帽径 1.4 厘米；
毫长 4.8 厘米
故宫博物院藏

竹管，通体光素，上端填蓝行书“净羊毫”三字。羊毫，长颖细润，尖而挺健。清代流行在笔管刻书，此套笔质朴、简洁，选毫精细，应为清晚期宫廷日常用笔。（于倩）

仿唐观象八棱歙砚

清乾隆（1736 ～ 1795 年）
长 14 厘米，宽 14 厘米，厚 1.6 厘米
故宫博物院藏

歙石制，砚作八棱形，墨池深凹，砚背上端镌刻“仿唐观象砚”。《西清砚谱》卷二十三中著录有“仿唐观象砚”，即与此砚相类。

自清康熙时起，有御赐砚之传统。此砚旧藏上书房，为皇子读书之地，或用于赏赐皇子，以达激励其勤勉读书之用。（于倩）

铜笔架

清（1644～1911 年）
高 4.8 厘米，宽 9 厘米，厚 4.5 厘米
故宫博物院藏

笔架，又称笔床或笔山，山峦式笔架自唐代兴起之后，一直为笔架造型之主流。此笔架为铜质，山形，其形若峰峦起伏、高低错落，峰间低谷之处，可以支笔，配木座。

此笔架旧藏上书房，清代皇子自六岁即入上书房读书，或为皇子日常书写所用，置诸案头，亦颇有赏玩研山之趣。（于倩）

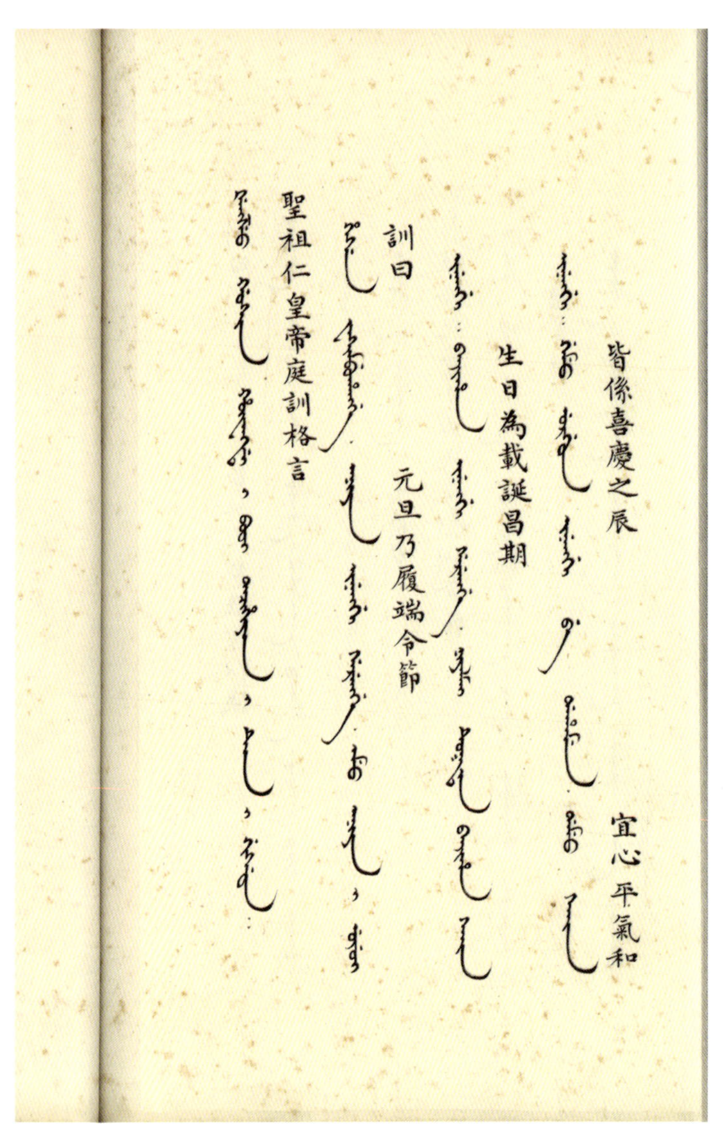
皆係喜慶之辰　宜心平氣和
生日為載誕昌期
元旦乃履端令節
訓曰
聖祖仁皇帝庭訓格言

圣祖仁皇帝庭训格言

清雍正八年（1730 年）
开本纵 29.2 厘米，横 19.0 厘米
故宫博物院藏

《圣祖仁皇帝庭训格言》辑录了清康熙皇帝晚年对其子孙的训诫之言，是由清世宗皇帝及其兄弟诚亲王允祉等人追述编纂完成。内容主要包括治学、处世、为政和养生四个方面，共计 246 则。这些言论在《实录》《圣训》当中均未记载，乃康熙皇帝日常对皇子们的谆谆教诲之语，字字切于身心，语语垂为模范，不仅是一部帝王家训，亦是封建社会修身处世的行为准则。（袁理）

满汉字号

清（1644 ～ 1911 年）
木盒高 8.5 厘米，长 28 厘米，宽 13 厘米
故宫博物院藏

此套字号由多个黄色纸包组成，每包内有明黄色纸卡若干，上书大字。纸包封皮写有编号，并整齐存放于木盒之内。

清朝统治者十分重视对于皇子的教育。该字号类似于现在的识字卡片，是帮助皇子学习文字所用。使用时，可按卡片识读文字，利于加强记忆，同时便于携带。清入关后，既传承满语，也学习汉语。故而这套字号包含了满汉两种文字。（王宜若）

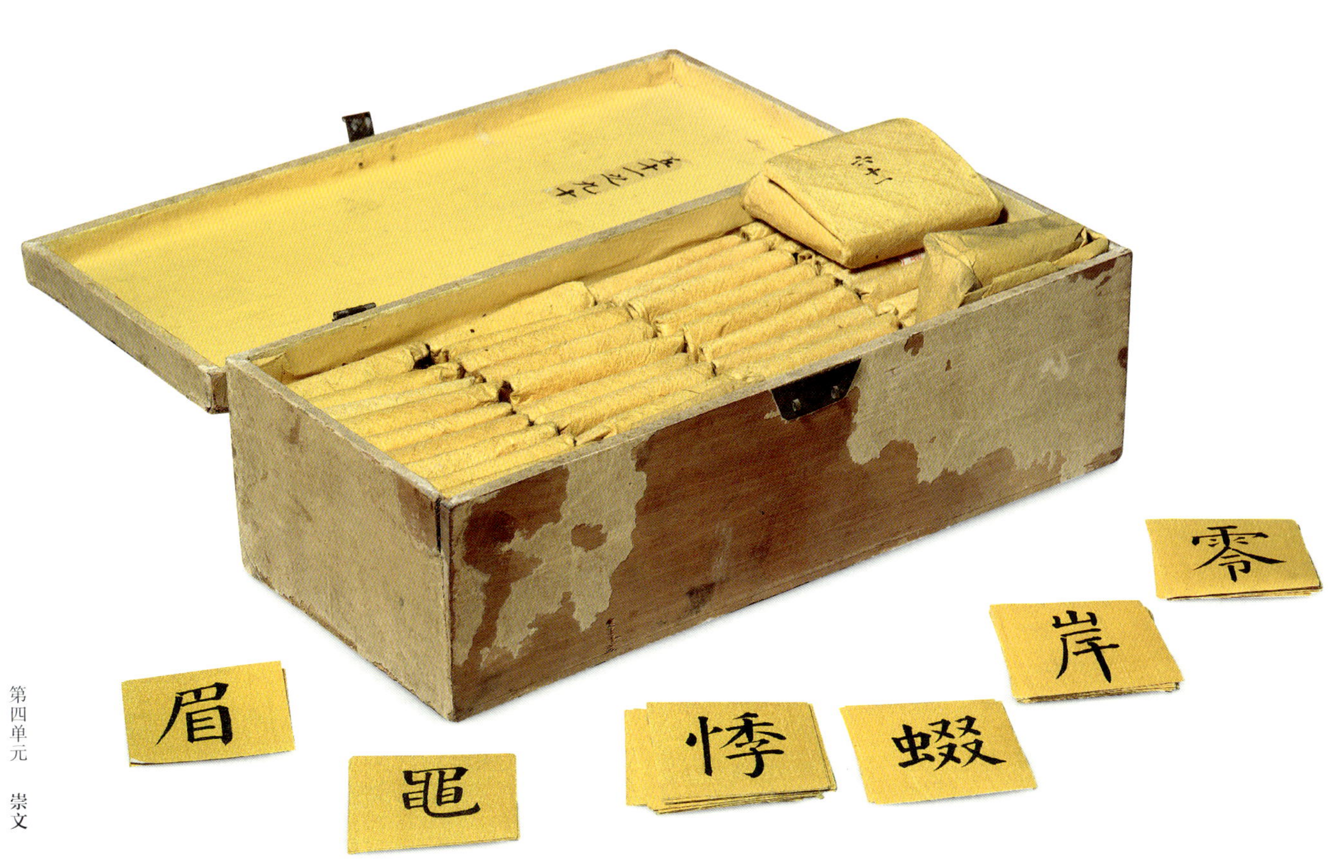

十三经注疏校勘记

清嘉庆二十一年（1816 年）
开本纵 25.8 厘米，横 15.8 厘米
故宫博物院藏

阮元纂修的《十三经注疏校勘记》是对十三经注疏较为全面的梳理。阮元于清嘉庆五年（1800 年）出任浙江巡抚之时，辟“诂经精舍”于西湖，邀请长于校经的学者，用多年搜集的唐宋石刻及宋元明版十三经经典，互相勘校、正其是非，更定了诸明刻本的讹误之处，是以阮元用《校勘记》整理的《十三经注疏》为诸多版本中的善本。

清嘉庆二十一年（1816 年），阮元时任两湖总督，特刊刻装潢了十部《校勘记》进呈御览，展出的这部就是其中之一。是书原藏于上书房，是供皇子、皇孙们学习的教材之一。（袁理）

十三經注疏挍勘記
毛詩卷一
第二函第一本

十三經注疏挍勘記
毛詩卷四
第二函第四本

十三經注疏挍勘記
毛詩卷五
第二函第五本

十三經注疏挍勘記
毛詩卷六
第二函第六本

毛詩注疏校勘記序

攷異於毛詩經有齊魯韓三家之異齊魯詩久亡韓詩則宋以前尚存其異字之見於諸書可攷者大約毛多古字韓多今字有時必互相證而後可以得毛義也毛公之傳詩也同一字而各篇訓釋不同大抵依文以立解不依字以求訓非孰於周官之假借者不可以讀毛傳也毛不易字鄭箋始有易字之例顧注禮則立說以改其字而詩則多不欲顯言之亦或有顯言之者毛以假借立說則不言易字而易字在其中鄭又於傳外研尋往往傳所不易者而易之非好異也亦所謂依文立解不如此則文有未適也孟子曰不以文害辭

毛詩注疏挍勘記卷二 起十一盡二十

臣阮元恭撰

○氓

氓刺時也 小字本相臺本同閩本明監本毛本亦同唐石經氓作甿案釋文云氓莫耕反民也正義云氓六章唐石經作甿者避民字諱而改之耳猶避世字諱改泄作洩之類也傳氓民也說文氓下同是毛詩此經作氓之證甿字取諸周禮遂人耳周禮釋文致甿亡耕反又五經文字田部甿莫鄧反又音盲者亦周禮字○按周禮亦本作氓唐人改甿

刺淫泆也 唐石經小字本相臺本同閩本明監本毛本亦同案釋文佚音逸正義標起止云至淫佚是釋文本正義本皆作佚唐石經改作泆者非也閩本以下正義中亦皆誤泆餘同此

揔言當時一國之事 閩本明監本毛本事誤夷

蚩蚩者敦厚之貌 閩本明監本毛本同小字本相臺本無者字案有者衍也

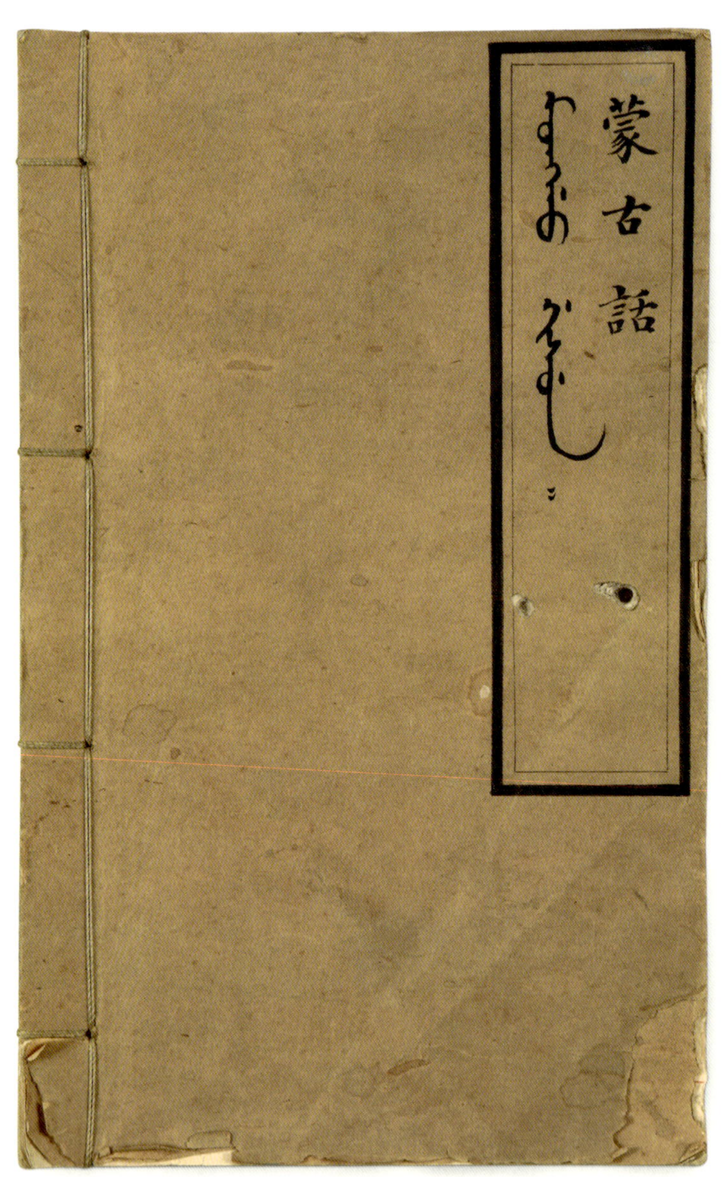

蒙古话

清乾隆（1736 ～ 1795 年）
开本纵 19.0 厘米，横 11.7 厘米
故宫博物院藏

该书是乾隆皇帝学习蒙古语言的手册，手册分上下两行，上行采用满文字母转写蒙古语，下行为对应的中文翻译。是书十分轻薄，方便随身携带。书中有“问呼图克图话条”“西藏堪布进京呈递丹书克召见时问此”等字样，说明此手册乃乾隆皇帝为召见蒙古、西藏地区喇嘛，为与他们用蒙古语交流而专门学习的短语和句子，都

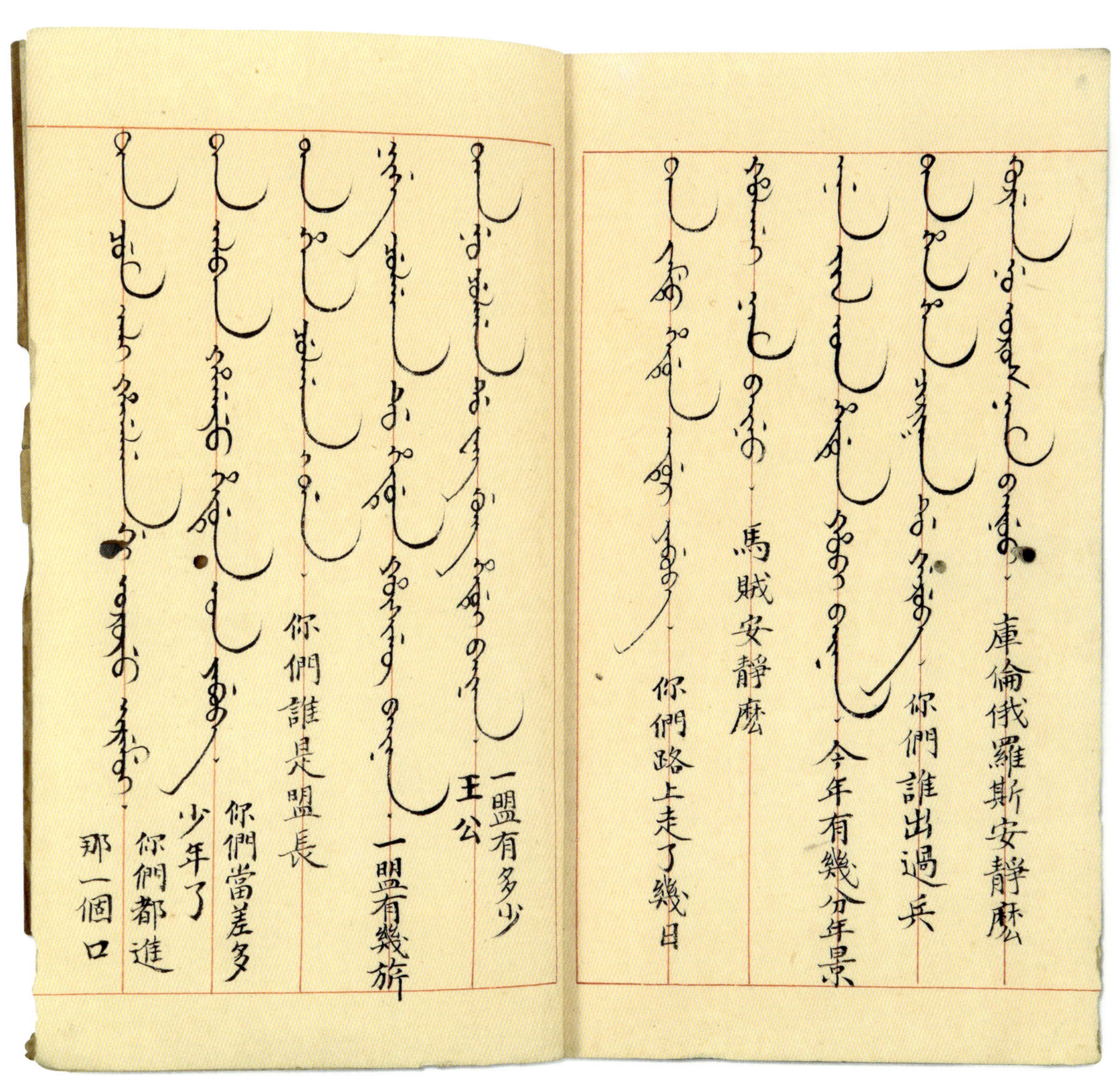

庫倫俄羅斯安靜麽
你們誰出過兵
今年有幾分年景
馬賊安靜麽
你們路上走了幾日
一盟有多少王公
一盟有幾旂
你們誰是盟長
你們當差多少年了
你們都進那一個口

是一些日常用语。通过这些简单的问答，既有助于皇帝了解蒙古情形，也有助于增强蒙古王公对清朝的认同，加强满蒙联盟，巩固清王朝的统治。

乾隆皇帝幼时在上书房学习，与其他皇子、皇孙们每天都会学习蒙古语会话，即位之后，于乾隆八年（1743 年）第一次东巡，为方便与同行的蒙古贵族交流，乾隆皇帝开始系统学习蒙古语，并敕命大臣编写了《满蒙话条》《满蒙汉字书》《御制满蒙文鉴》《蒙古话》等字书以供其使用。（袁理）

多福轩乐道堂书目

清晚期（1840 ～ 1911 年）
开本纵 21.7 厘米，横 12.7 厘米；
版框纵 15.5 厘米，横 10 厘米
故宫博物院藏

该书目为一函三册，其中两册为《多福轩书目》，一册为《乐道堂书目》（还含有恭王府其他殿堂书目，如庆宜堂）。多福轩、乐道堂分别为恭王府府邸东路的两处殿堂名称，表明此套《书目》是用于记录恭王府殿堂藏书的陈设档案。恭亲王奕訢自幼接受正统的皇家教育，有读书、藏书之好，分府之后，更是在恭王府内设有多处书房，存放大量珍贵图书资料。为方便管理，备有藏书《书目》，以供提阅、查验。然而，随着清王朝的灭亡，恭王府失去了稳定的经济来源，为了维持府内的庞大开销，恭王府藏书及其书目相继流散，这套《多福轩乐道堂书目》辗转被故宫博物院收藏。它的出现对于了解恭王府藏书数量、规模大有裨益，更是为原状陈列研究提供了重要的参考依据。（孟庆重）

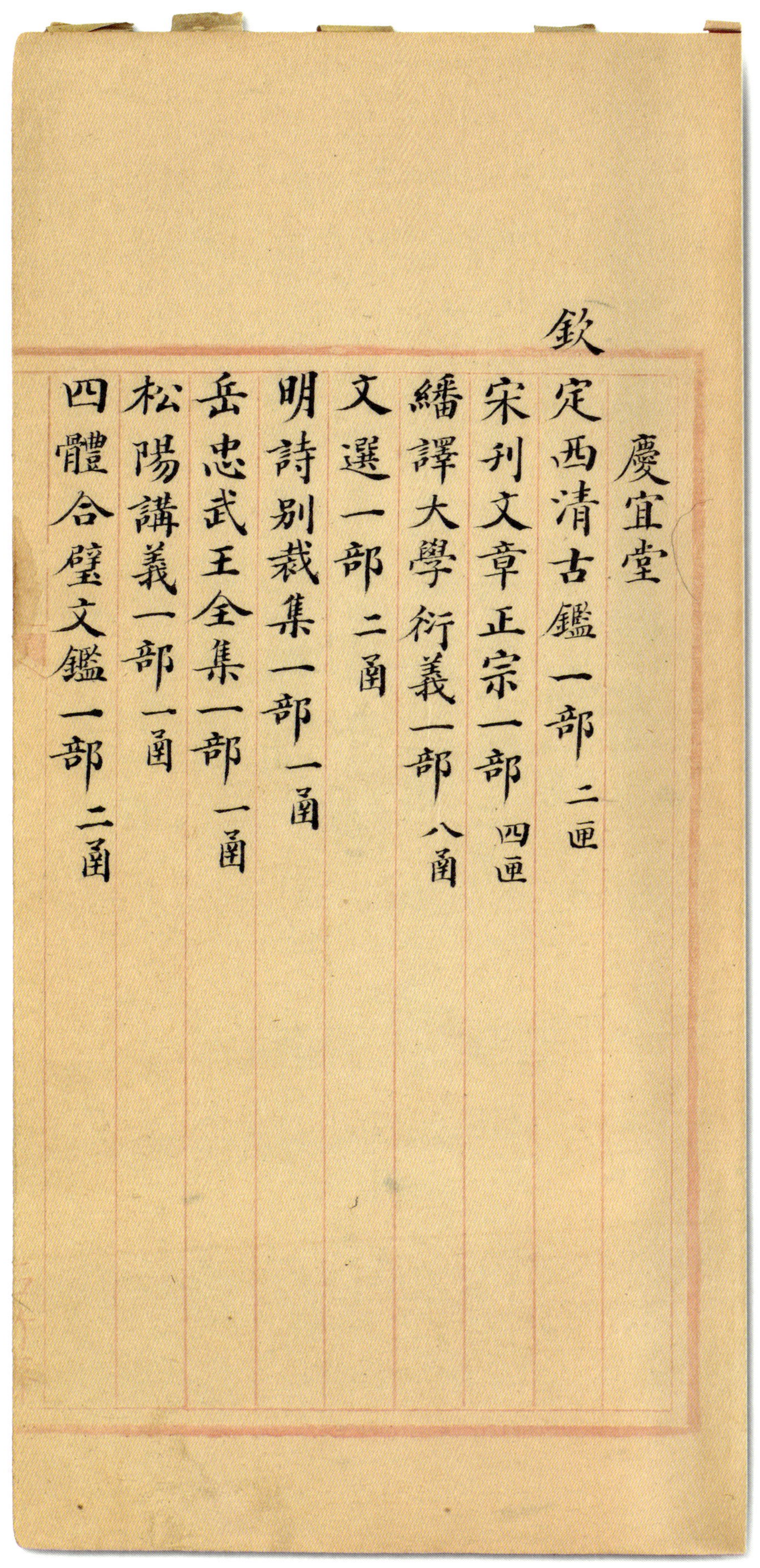
慶宜堂

欽定西清古鑑一部 二匣

宋刊文章正宗一部 四匣

繙譯大學衍義一部 八函

文選一部 二函

明詩別裁集一部 一函

岳忠武王全集一部 一函

松陽講義一部 一函

四體合璧文鑑一部 二函

弘历摹颜真卿多宝塔碑册

清康熙六十一年至雍正元年

（1722 ～ 1723 年）

纵 28.5 厘米，横 38 厘米

故宫博物院藏

本册为弘历在皇子时期的书法习作，临习内容为盛唐书家颜真卿名作《多宝塔碑》。弘历从康熙六十一年（1722 年）入宫学习，书法每日必修，其学书之路也是从描摹唐楷伊始。这件《楷书摹颜真卿多宝塔碑册》是弘历从康熙六十一年至雍正元年间，每日摹写的颜真卿多宝塔碑碑文合集。通过作品可知，弘历此时的笔墨掌控相对稚嫩，对颜楷的字形结体、线条变化的理解也较为粗浅。（秦崇泰）

大唐西京千福寺多寶
佛塔感應碑文
南陽岑勛撰
朝議郎判尚書武部員
外郎琅邪顏真卿書
朝散大夫撿挍尚書都
官郎中東海徐浩題額
粵妙法蓮華諸佛之祕
藏也多寶佛塔證經之
踴現也發明資乎十力
弘建在於四依有禪師
法号楚金姓程廣平人

二月初一日
二月初二日

弘历摹王羲之乐毅论册

清雍正八年（1730 年）
纵 25.3 厘米，横 39.3 厘米
故宫博物院藏

本作为弘历在雍正八年（1730 年）的书法习作，临习内容为书圣王羲之楷书名作《乐毅论》。通过批注可知，弘历每日摹写原帖文字两行，每行两遍，次日重复前日内容，以此类推，共计四十五日完整摹写了整部《乐毅论》，之后再重新摹写，如此循环往复。雍正八年以前，弘历习书以大楷为主，之后转习小楷。这一阶段，弘历通过坚持习书，运笔更为自如，结字趋于稳定，书法学习取得明显进步。（秦崇泰）

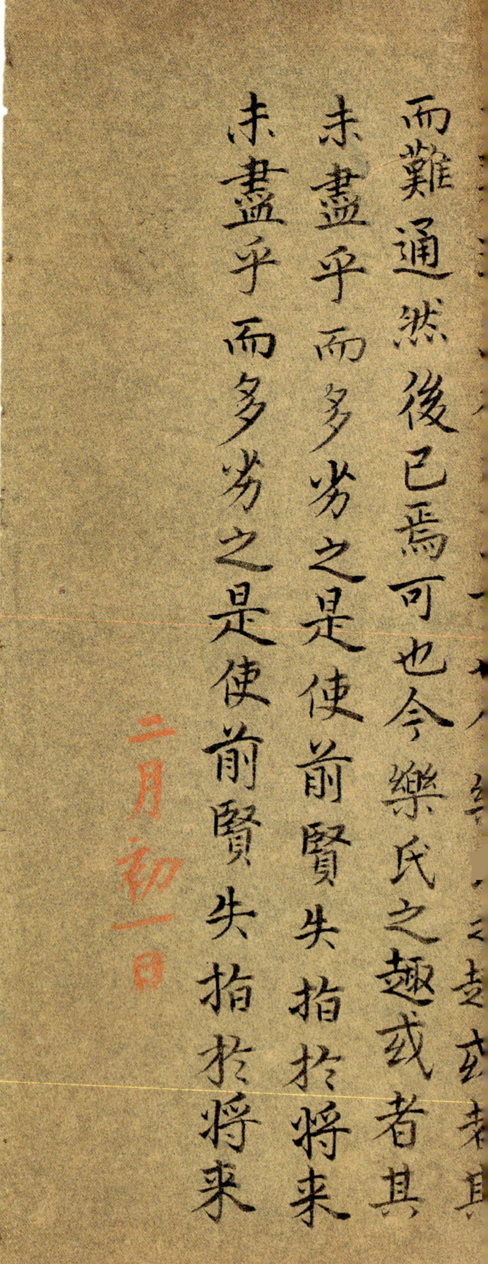
而難通然後已焉可也今樂氏之趣或者其
未盡乎而多劣之是使前賢失指於將来
未盡乎而多劣之是使前賢失指於將来
二月初一日

樂毅論　夏侯泰初

樂毅論　夏侯泰初

世人多以樂毅不時拔莒即墨為劣是以叙而

世人多以樂毅不時拔莒即墨為劣是以叙而

正月廿六日

樂毅論　夏侯泰初

樂毅論　夏侯泰初

世人多以樂毅不時拔莒即墨為劣是以叙而

世人多以樂毅不時拔莒即墨為劣是以叙而

正月廿七日

論之

論之

夫求古賢之意宜以大者遠者先之必迂廻

夫求古賢之意宜以大者遠者先之必迂廻

正月二十八日

論之

論之

夫求古賢之意宜以大者遠者先之必迂廻

夫求古賢之意宜以大者遠者先之必迂廻

正月二十九日

绘图仪器（一套）

清（1644 ～ 1911 年）
通高 3.4 厘米，长 20 厘米，宽 9 厘米
故宫博物院藏

该套绘图仪器共十一件，装于黑漆皮木盒之中。仪器类别包含半圆仪、圆规、鸭嘴笔及各种尺子等，制作精巧，便于携带，可用于日常测量及绘图。康熙皇帝喜爱天文及数学，毕生花费大量时间学习相关知识。同时，他还亲身示范，出行时教导皇子使用各种仪器，并进行制图。（王宜若）

米色漆描金花望远镜

清（1644～1911年）
通长98.8厘米
故宫博物院藏

16世纪初，意大利物理学家伽利略制成以凸透镜作物镜，以凹透镜为目镜的折射望远镜，世称伽利略式望远镜，此件便属此类。镜筒身为木质，筒外罩漆皮，并绘有花卉图案，凸显宫廷天文仪器的华丽高雅。

望远镜进入宫廷后，用途广泛。康熙帝热爱天文，曾亲自教授皇子们望远镜的用法。《清实录》中记载，雍正曾回忆康熙率众皇子用望远镜观测日食的情形："昔年遇日食四五分之时，日光照耀，难以仰视。皇考亲率朕同诸兄弟在乾清宫，用千里镜，四周用纸夹遮蔽日光，然后看出考验所亏分数。"其中"千里眼"即望远镜。为了便于皇子们学习天文知识，康熙皇帝还曾将宫中望远镜赏赐给皇子。（王宜若）

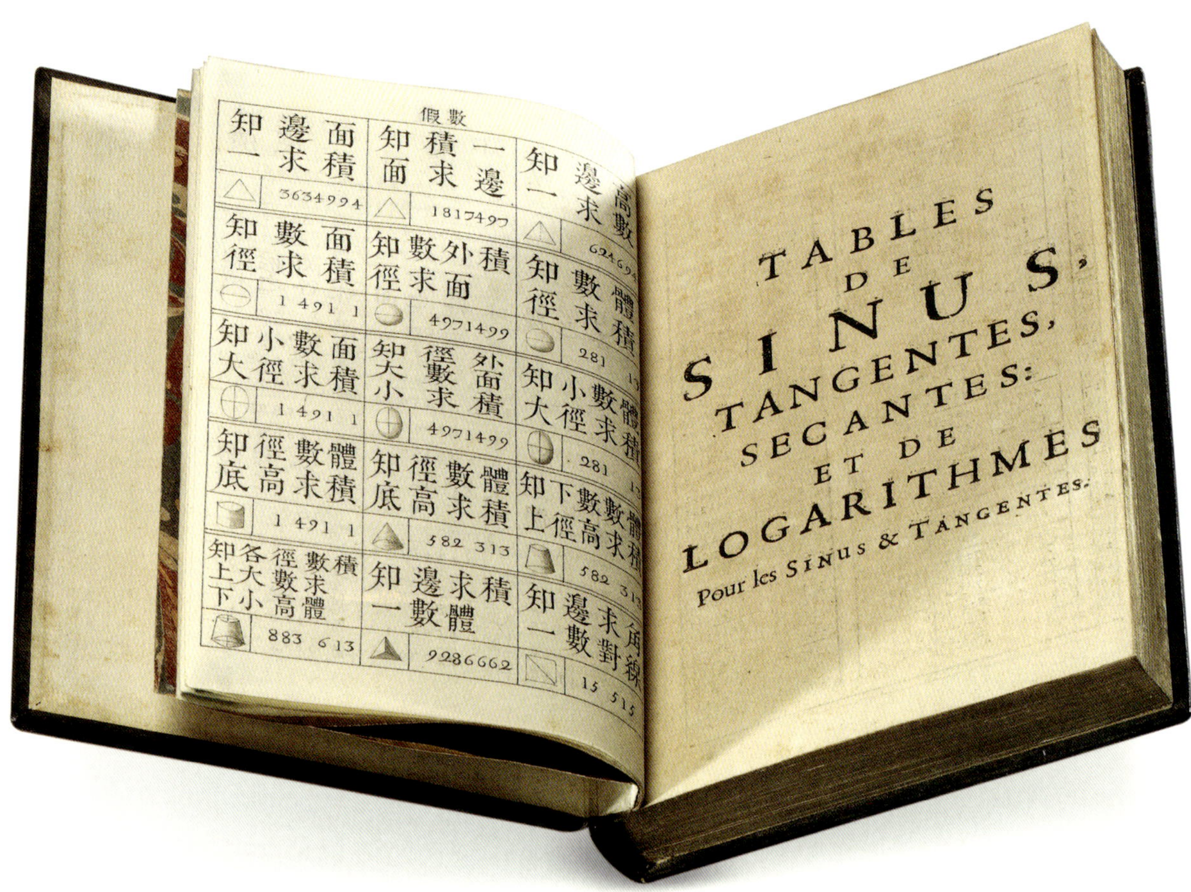
假數
TABLES
DE
SINUS,
TANGENTES,
SECANTES:
ET DE
LOGARITHMES
Pour les SINUS & TANGENTES.

数学用表

清（1644～1911年）
长15.5厘米，宽11.2厘米，厚2.3厘米
故宫博物院藏

该表既可以查三角函数值，也可以查多种物质的比重，是一种非常实用的数学工具书。故宫博物院藏有多本数学用表。其中既有汉文书写的，也有用拉丁书写的。汉字书写的对数表是清宫自制的，用拉丁文书写的应该是由传教士带入并经过清宫改造而成的中西合璧数表。它们是康熙皇帝和皇子们学习西方数学的见证。（王宜若）

欽定四庫全書
集部
欽定補繪蕭雲從離騷全圖卷上
欽定四庫全書
子部
家山圖書
欽定四庫全書
經部
皇祐新樂圖記卷上下
欽定四庫全書
史部
紹熙州縣釋奠儀圖

钦定四库全书

清乾隆（1736 ～ 1795 年）

开本纵 31.5 厘米，横 20.0 厘米

故宫博物院藏

《钦定四库全书》是由清政府主持编纂的，我国古代规模最大的一部丛书，全书分为经、史、子、集四部编排，共收书 3462 种，7.9 万余卷，3.6 万余册，其内容几乎涵盖了古代中国所有的学术领域。《四库全书》的编纂是清廷以举国之力完成的重大文化工程，是对清中期以前中华文化的一次全面梳理总结，它的编纂意义重大，影响深远。

在纂修《四库全书》的过程中，皇子永瑢、永瑆、永璇，大臣刘统勋、于敏中、福隆安等人先后被任命为正总裁。（袁理）

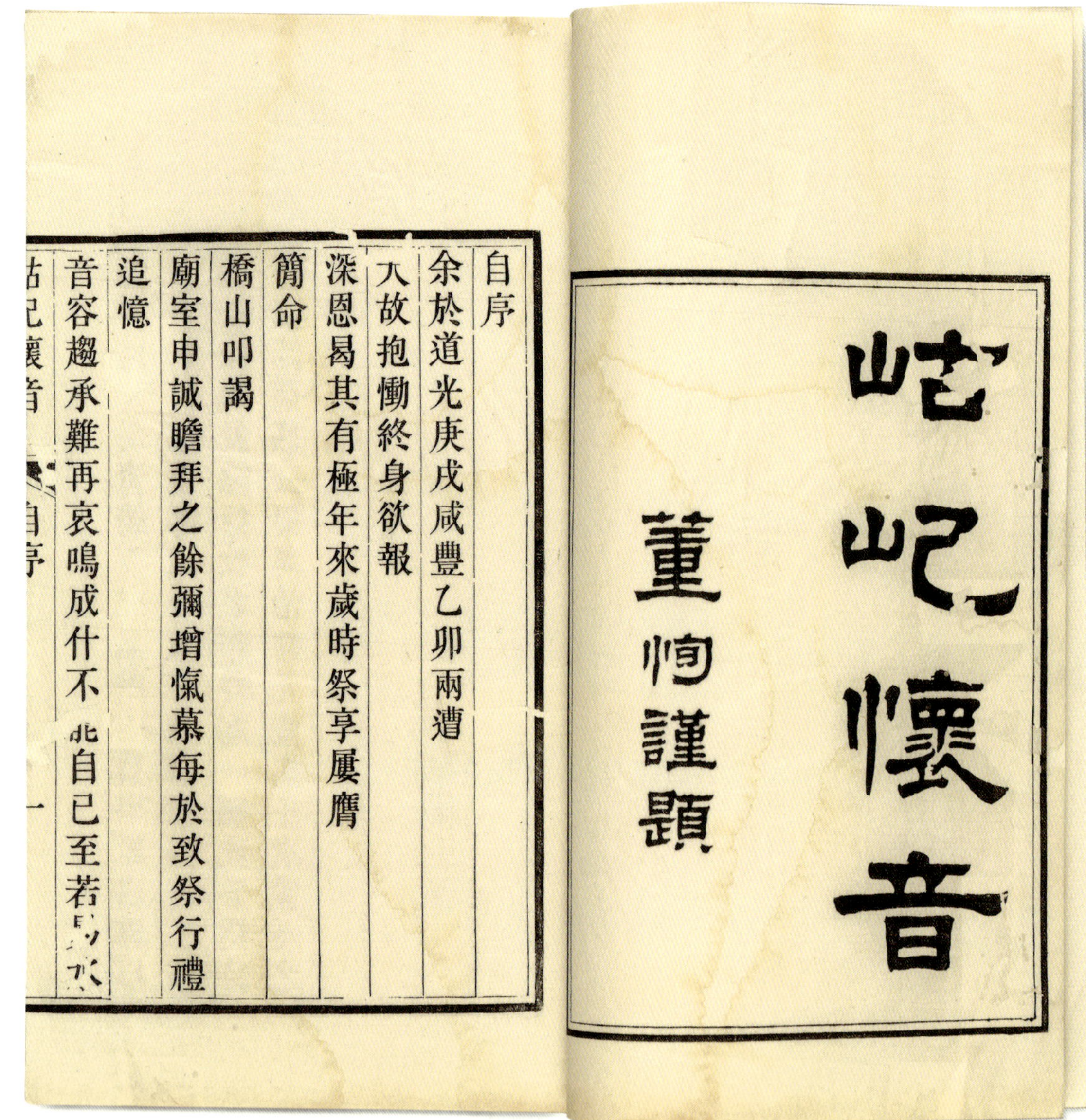

岵屺懷音

董恂謹題

自序

余於道光庚戌咸豐乙卯兩遭

大故抱慟終身欲報

深恩曷其有極年來歲時祭享屢膺

簡命

橋山叩謁

廟室申誠瞻拜之餘彌增愾慕每於致祭行禮

追憶

音容趨承難再哀鳴成什不能自已至若

岵屺懷音　自序　一

岵屺怀音　萃锦吟

清中后期（1837 ～ 1911 年）

开本纵 28.5 厘米，横 17.5 厘米

文化和旅游部恭王府博物馆藏

恭亲王奕訢所著。清宫惯例，皇子 6 岁入学读书。道光十七年（1837 年）二月十七日寅正三刻（约 4:45），奕訢入上书房，在拜过孔子、老师后，正式开始了读书受教之旅。嗣后，除祭神、万寿节、千秋节、生日、端午、中秋外，卯正三刻（约 6:45）至巳正三刻（约 10:45），奕訢都要在上书房接受教育。奕訢入学首先读

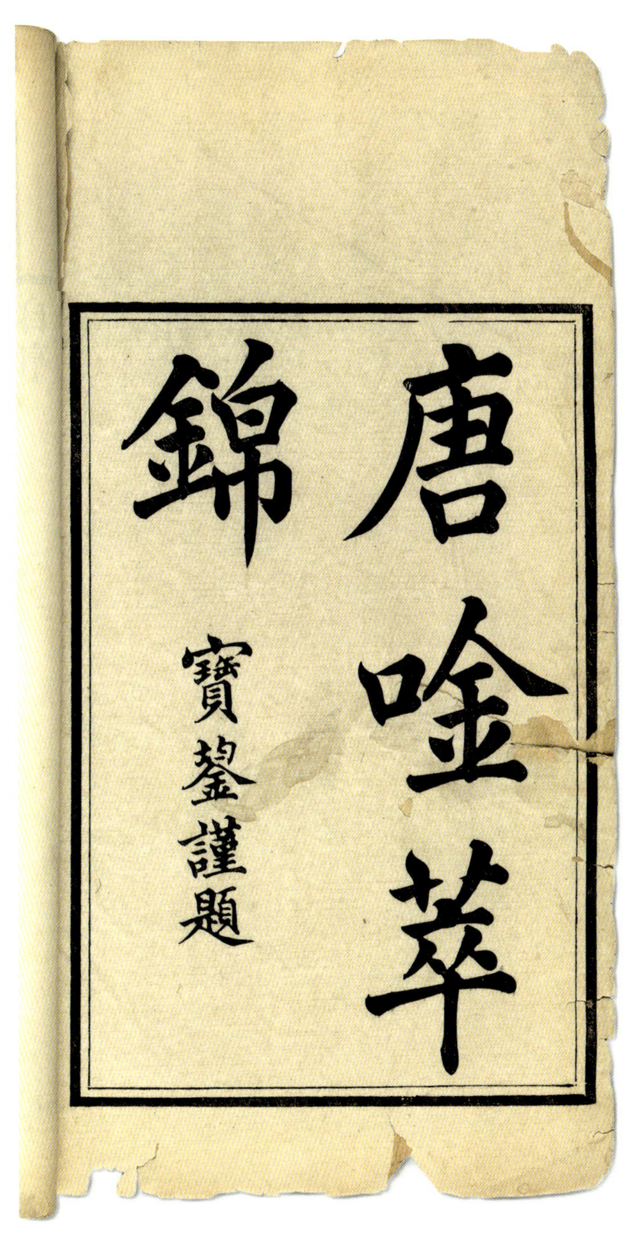

的是《大学》，之后是《论语》《中庸》等。奕訢的首位老师是道光皇帝精心挑选的翁心存，翁心存开缺后，奕訢的第二位老师是贾桢，师徒相伴了十几年，情谊很深。奕訢读书很用功，奕譞的老师、道光时期的榜眼朱凤标称赞“已明敏之资，渊雅之学，孜孜焉读书之不倦”。《岵屺怀音》是奕訢致祭行礼追忆父母的诗集，《萃锦吟》是奕訢在光绪十年被罢黜后，“家居养疾”时的集唐人诗句集。奕訢还著有《豳风咏》《赓献集》《正谊书屋试帖诗存》《春帖子词》《乐道堂文钞》《乐道堂古近体诗》等。（张军）

允禧画江山秋霁图卷

清（1644～1911 年）
纵 15.3 厘米，横 143.2 厘米
故宫博物院藏

允禧（1711～1758 年），字谦斋，号紫琼道人、垢庵、春浮居士等。康熙帝第二十一子，雍正帝的异母弟弟，乾隆帝的叔叔。允禧文武双全，能诗善书，体格矫健，9 岁就跟随康熙帝外出射猎，因此康熙帝将允禧定为弘历的习射老师，两人感情极好。乾隆帝十分喜爱允禧的绘画，称赞他“胸中早贮千年史，笔下能生万汇春”，因此在当时宗室书画界中享有“宗藩第一”的美誉。乾隆帝多次与允禧唱和并向其索要作品，内府收藏允禧绘画大多以此方式入宫。（周耀卿）

莽鹄立写照、蒋廷锡补景允礼像轴

清（1644～1911年）

纵288.5厘米，横170厘米

故宫博物院藏

允礼（1697～1738年），康熙皇帝十七子。雍正元年，封果郡王。雍正六年，晋果亲王。允礼曾管理理藩院、工部、户部及苗疆等事，雍正临终，允礼受命辅政。（周耀卿）

华冠画永瑢像轴

清乾隆（1736 ～ 1795 年）

纵 115.8 厘米，横 47.6 厘米

故宫博物院藏

永瑢（1743 ～ 1790 年），乾隆五十四年晋质亲王，号九思主人，乾隆帝第六子，母纯皇贵妃苏佳氏。他通天算，工绘画，富文采，喜好与文人雅士交游。《四库全书》馆正式成立后，他与皇子永璇、永瑆，大学士刘统勋、于敏中被任命为最高执行官即总裁，负责总理馆内一切事宜。著有《九思堂诗钞》，卒谥“庄”。

华冠，江苏无锡人，原名点，又名庆冠，字庆吉，号吉厓。擅长山水、花卉，笔意淡远。乾隆帝南巡时，华冠因奉命画像而获得优厚赏赐。嘉庆初，征召至京，为内廷供奉。（李湜）

國初傳神華希逸冠也晚出能
入室移我江南六月天水竹風
荷瀉明瑟玲瓏碧樹秋未生已
覺流光向人疾流光無情鬢欲
霜十年鷓蛛花間堂冠時方壯
筆力銳曾此坐解丹青囊玉梅
庾嶺音塵杳我亦殘書送昏曉
鏡裏容顏各老蒼篋中绡素猶
完好舊圖風景忽成新一笑廬
山面目真萍蹤會有重来候
此畫他年復成舊
乾隆乙巳　　皇六子自題

清代皇帝认为，满族以骑射立国。所以在皇子入学之后，令其学文的同时，也要学习骑射。教习师傅是从八旗武员娴熟弓马、满语佳者中择选。清代名臣阿桂、兆惠都曾经出任阿哥骑射师傅。且为了加强皇子的骑射教育，在他们年幼时，皇帝即令其或随驾木兰行围，或南苑狩猎。除皇子外，公主也涉猎骑射。乾隆皇帝的十公主即擅长射箭，随乾隆木兰围猎。良好的骑射本领，使得这些皇子不仅可以领兵作战，也可以冲锋陷阵，在开疆拓土、巩固王朝统治中发挥了重要作用。

鹿角椅

清乾隆（1736 ～ 1795 年）

通高 131 厘米，宽 92 厘米，坐面高 53 厘米

故宫博物院藏

这件鹿角椅为乾隆时期所制。它的造型独特，四条腿用四支鹿角制成。角根部分作足，其自然形态恰好形成外翻马蹄，前后两面椅腿向里的一侧横生一叉，构成支撑坐面的托角枨，两侧面用另外的角叉作榫插入。坐面用黄花梨木制成，呈扁平葫芦形，前沿微向内凹，外沿用牛角包嵌成两条横向素混面，两条牛角片中间嵌一道象牙细条，坐面两侧及后面的边框上装骨雕勾卷云纹花牙。再上即为靠背扶手，系用一只鹿的全角做成，角的根部连于鹿头盖骨上，正中用两支两端作榫的角把坐面和两支做椅圈的鹿角连在一起。椅圈的角从搭脑处伸向两边，又向前顺势而下，构成扶手。椅背镶一块红木板，上以隶书镌刻乾隆帝题诗：“制椅犹看双角全，乌号命中想当年。神威讵止群藩詟，圣构应谋万载绵。不敢坐兮恒敬仰，既知朴矣愿捐妍。盛京惟远兴州近，家法钦承一例然。”此椅还另附有一只脚踏，长 60 厘米，宽 30 厘米，高 12 厘米。其四足亦采用小鹿的鹿角制成。这件鹿角椅不是普通的坐具，它是清代帝王骑射武功的战利品，见证了清代帝王在木兰围场进行秋狝的经历。

清代入关后，长于骑射的清朝统治者为了维护统治，保持满族英勇善战的斗志，大肆宣扬“以弓矢定天下”的宏伟业绩，把骑射武功作为家法祖制，年年都要到塞外举行大规模围猎活动，称为“木兰秋狝”。每一次围猎活动结束后，收获最丰厚的猎物都是那些在行围过程中被猎杀或生擒的鹿，而兴致高昂的清帝会谕令把捕获的大大小小的雄鹿犄角割下，制成鹿角椅，以作纪念。清宫珍藏的鹿角椅，虽然历经几个世纪的风雨沧桑，仍保持完好，实属不易。透过这件气势恢宏的鹿角椅，我们不难看出，几个世纪前英勇善战的满族曾经建立起的赫赫辉煌的武功和不屈不挠的精神风貌。（周京南）

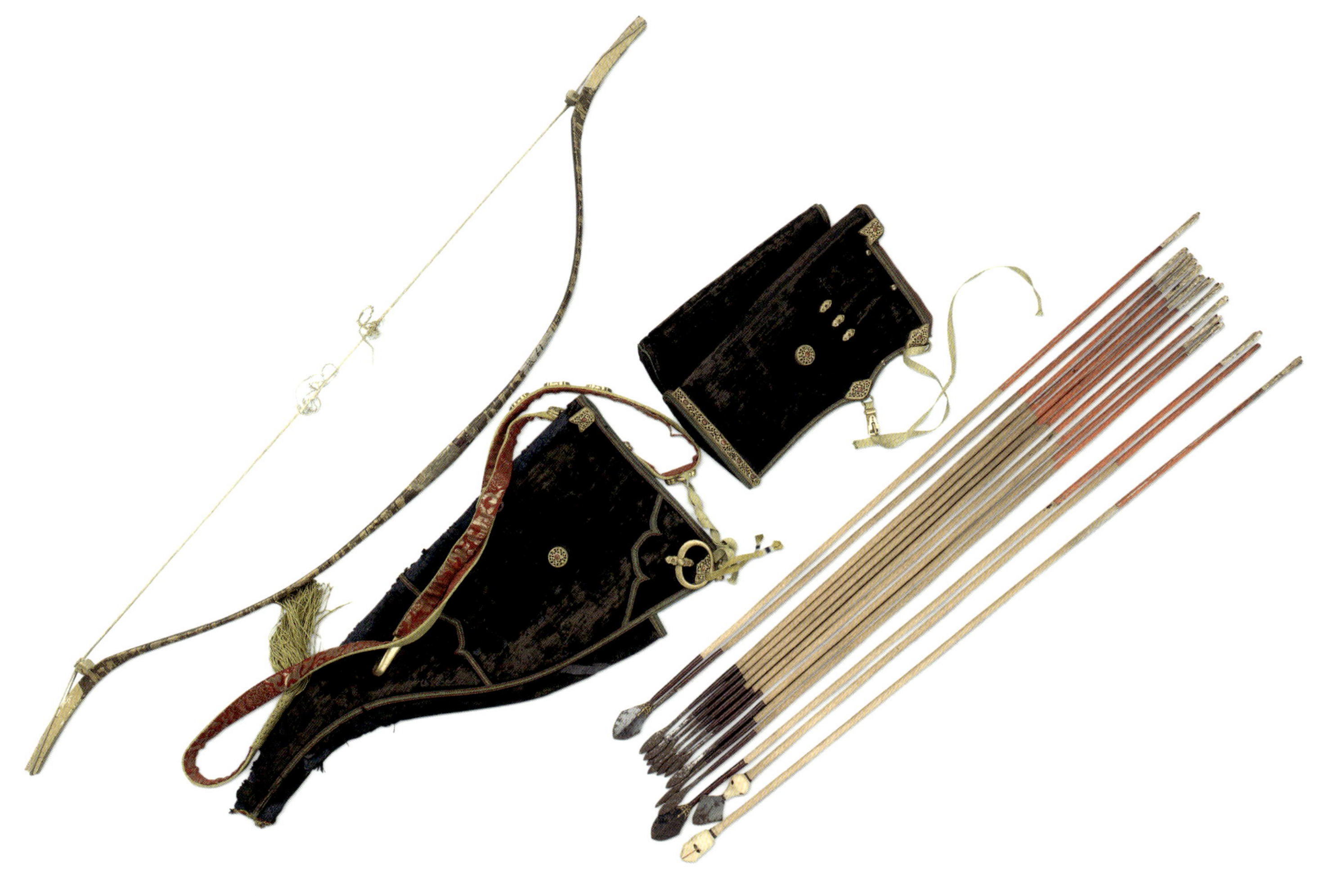

皮撒袋

清（1644～1911 年）
箭囊长 22 厘米，宽 12.5 厘米；弓袋长 41.5 厘米，宽 19 厘米
故宫博物院藏

清代皇帝重视满语、骑射。入学后，皇子在学习文化知识的同时，也要学习骑射。此套撒袋尺寸较小，应是宫中专为皇子练习所制作。宫中档案记载，乾隆十四年（1749 年）造办处为三阿哥、四阿哥等制作撒袋。不仅如此，乾隆皇帝最喜欢的十公主，自幼喜爱骑射，乾隆皇帝即为其制作专用小弓箭。

撒袋黑绒面，绿缘边，嵌铁镀金镂花饰件，饰件嵌珊瑚珠。附绦带一根。随撒袋有小桦皮弓一张、箭十四支。从其体量来看，此弓箭应为宫中皇子或者公主年幼时习射所用。而能够留存至今，其使用者的身份亦应非同一般。（刘立勇）

黑牛角金桃皮木弓

清（1644～1911 年）
通长 120 厘米
故宫博物院藏

弓木质，面贴黑牛角，背贴金桃皮。弓梢处刻槽置弦，弓中部镶暖木一块，便于手握。

此弓较前面撒袋中的弓稍长，与之相比，应是满足年龄稍长的皇子使用。（刘立勇）

木黑漆马鞍

清（1644～1911年）
长52厘米，高27厘米
故宫博物院藏

皇子骑乘马匹时，需要有专业的设备。清宫中不同规格的马鞍，尺寸大小不一，应是为了满足不同年龄段的皇子使用。

马鞍木胎，前后鞍桥髹黑漆，光素。铜镀金马镫，左右各一。配鞍垫，面黑绒，黄芯，内敷薄丝棉。附提胸鞦辔一副。（刘立勇）

木架马鞍

清（1644～1911年）
高130厘米，长158厘米，宽80厘米
故宫博物院藏

清代皇子至一定年岁，要学习骑马。鉴于宫中场地有限，不能跑马，且为了保护皇子的安全，清宫使用木马，此马鞍为宫中皇子学习骑马的重要道具。（滕德永）

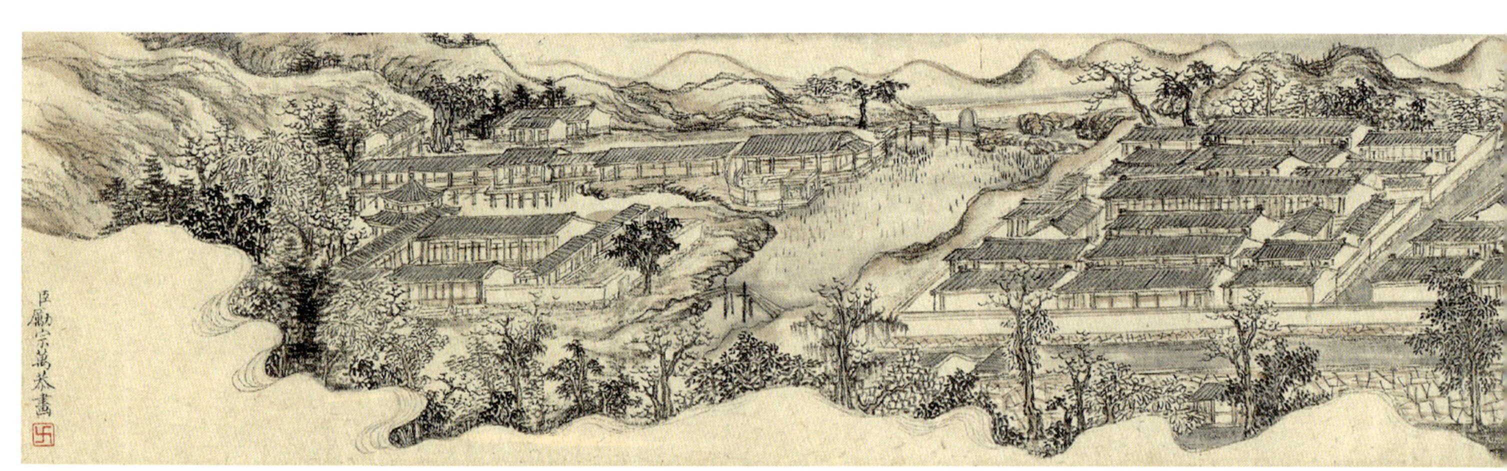

励宗万洞天深处图卷

清（1644～1911年）
纵8.5厘米，横62厘米
故宫博物院藏

在宫中时，皇子多在其所居的南三所习射。皇帝居住圆明园期间，皇子在圆明园内的洞天深处居住，并在此习文，练习骑马射箭。（滕德永）

洞天深處

緣溪而東徑曲折如蟻盤短椽陋室於奥為宜雜植卉木紛紅駭綠幽巖石丁别有天地非人間少南即前垂天貺皇考御題予兄弟舊時讀書舍也

幽蘭泛重阿喬柯幕悤榭北窗既虛寂細瀑時淙瀉琴瑟竹籟秋亭亭松月夜對此少淹留安知歲月流願為君子儒不作逍遥遊

臣勵宗萬敬書

清人画旻宁鹄正威申图轴

清道光丙戌年（1826 年）
纵 224.5 厘米，横 158.5 厘米
故宫博物院藏

清朝是在马背上建立的王朝，历朝皇帝都十分重视骑射，皇子们也自幼开始练习骑射。康熙时期，皇子们除每天要学习儒家经典外还必须花一个时辰进行射箭训练，康熙帝会经常考察皇子射箭，对于成绩好的皇子还会予以嘉奖。从画上的自题诗可知，道光皇帝经常亲身带头进行习射活动，不敢忘记祖训家法。（周耀卿）

沈贞画阿桂像轴

清咸丰（1851 ～ 1861 年）
纵 162.2 厘米，横 109.1 厘米
故宫博物院藏

阿桂 (1717 ～ 1797 年)，章佳氏，字广廷 , 满洲正白旗人。乾隆朝重臣，曾任上书房总师傅总谙达。

阿桂因军功显赫，而被乾隆皇帝谕令宫廷画师绘其画像，悬于紫光阁，以示嘉奖。档案记载此图是咸丰朝宫廷画师沈贞依据紫光阁内阿桂画像绘制的摹本。（李湜）

紫閣元勳

沈贞画兆惠盔甲像轴

清咸丰（1851～1861年）
纵162.8厘米，横106.6厘米
故宫博物院藏

兆惠（1708～1764年），字和甫，乌雅氏，满洲正黄旗人。康熙帝孝恭仁皇后乌雅氏族孙，都统佛标之子。雍正时以笔帖式供职军机处，历官至户部尚书兼镶白旗汉军都统、领侍卫大臣，协办大学士。乾隆中，先后督理平金川军、征准噶尔军粮运，亦是平定准部和回部的重要将领。乾隆二十七年，乾隆皇帝谕令兆惠充任皇子总谙达。（周耀卿）

綏疆懋績
臣沈貞恭畫

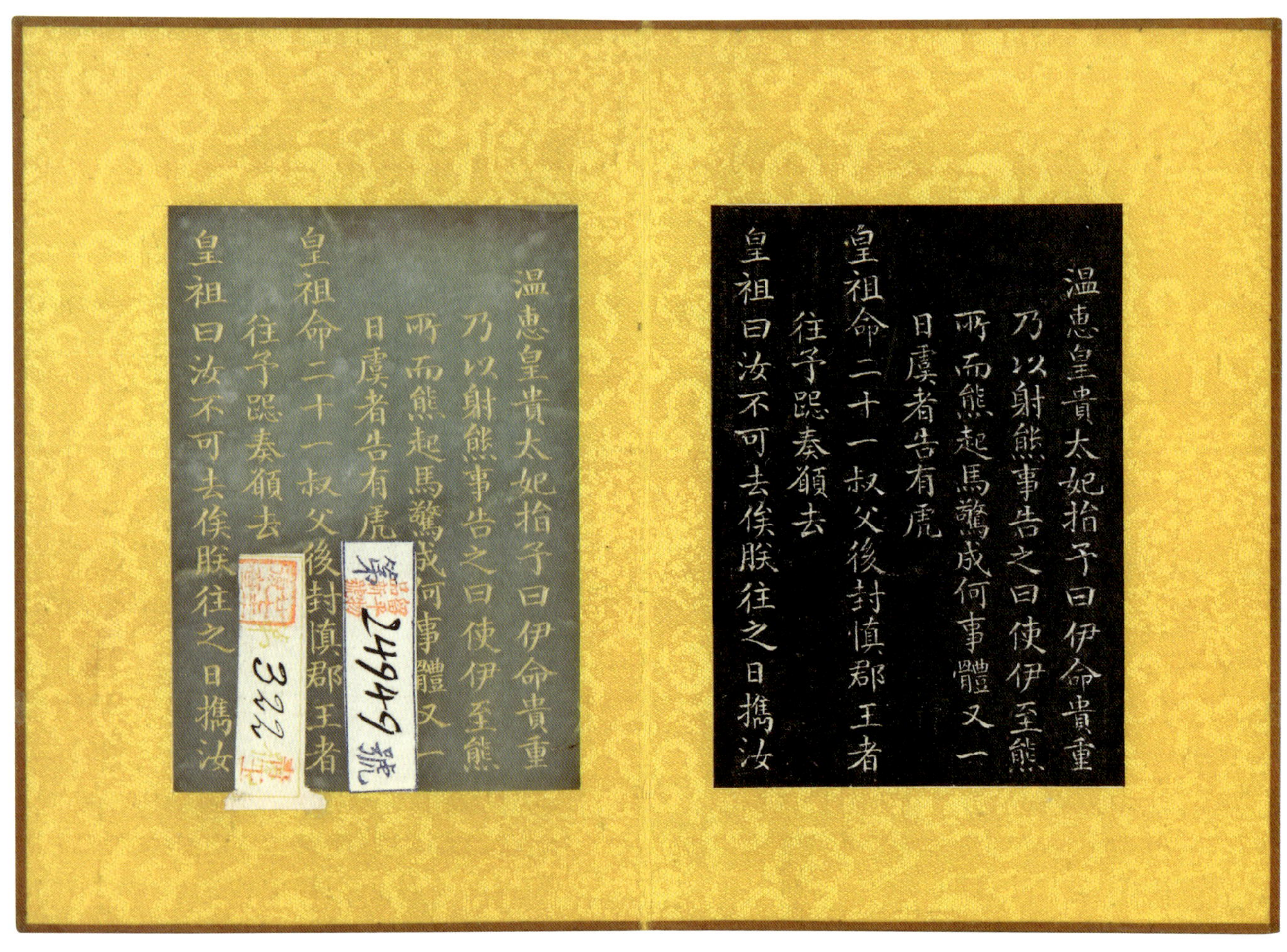

青玉于敏中书御制避暑山庄纪恩堂记册

清乾隆（1736 ～ 1795 年）

玉册长 14.5 厘米，宽 10 厘米，厚 4.3 厘米

故宫博物院藏

除宫中外，清代皇子还经常赴热河，参加木兰秋狝。乾隆三十八年（1773 年）弘历为纪念康熙皇帝对他眷顾养育之恩，写了这篇《避暑山庄纪恩堂记》。在文中，乾隆皇帝追忆了他 12 岁第一次来到热河，随康熙皇帝参加木兰秋狝的情景，重点描述了遇熊的惊险场景。（滕德永）

皇祖御火鎗中之熊伏不動久之
皇祖謂其已斃命御前侍衛引予去
射之
意欲使予於初圍得獲熊之名也其
時予甫欲上馬而熊突起奔前
皇祖御虎鎗殪之事畢入武帳
皇祖顧

皇祖御火鎗中之熊伏不動久之
皇祖謂其已斃命御前侍衛引予去
射之
意欲使予於初圍得獲熊之名也其
時予甫欲上馬而熊突起奔前
皇祖御虎鎗殪之事畢入武帳
皇祖顧

去耳似此
深恩彼時不知至於今每一念及即
欲墮淚夫五十餘年之事歷歷
如昨而予六旬有三亦視曾孫
矣不有以紀之子若孫其何由
知之此予所以追憶而涉筆也
子若孫其尚念我

去耳似此
深恩彼時不知至於今每一念及即
欲墮淚夫五十餘年之事歷歷
如昨而予六旬有三亦視曾孫
矣不有以紀之子若孫其何由
知之此予所以追憶而涉筆也
子若孫其尚念我

绵亿画猎骑图册

清（1644 ～ 1911 年）
纵 14.2 厘米，横 17.8 厘米
故宫博物院藏

绵亿（1764 ～ 1815 年）为乾隆帝之孙，永琪第五子，袭荣郡王，自幼工书善画。此册共四开，所画内容依次为“拈箭查验”“枪击飞雁”“策马追狐”“弯弓射雁”。此册是满族王公贵族生活的真实记录，从多角度真实地反映了清代皇室贵族的射猎生活。画面

或生动形象地描绘骑在马背上的满族贵族，正持箭杆做射猎前的羽箭查验准备；或身挎箭支，策马拉弓，追射夺路奔命的牡鹿等场景。人物刻画得神形兼备，惟妙惟肖。（周耀卿）

臣綿億恭繪

铁花线枪

清（1644～1911年）
通长127厘米，宽11厘米，内径13毫米
故宫博物院藏

清代皇子十四岁时，即要按规定学习放射鸟枪。事先，由内务府奏请，得到允许后，交造办处制作、备用。雍正五年（1727年），造办处一次制作铁花线枪十杆供阿哥使用。

枪管铁质，前圆，后四棱处鋄金，带准星。枪床云楸木，枪体以二道铜箍加固。枪火机为转轮燧发装置。（刘立勇）

铁錾花柄金桃皮鞘白虹腰刀

清道光（1821 ~ 1850 年）
通长 97.5 厘米，宽 5 厘米
故宫博物院藏

道光皇帝曾赏赐奕訢白虹刀一把，咸丰继位后，令其在宫中行走，“命仍佩白虹刀”。

刀身钢质，前锐，身弧。其身底部一面錾刻竖向铭文“白虹”，说明刀的名称；另一面錾“道光年制”，字体皆隶书。铁錾花圆盘形护手。刀柄包木，外缠黄色丝绦，柄首有穿，系明黄绦带。刀鞘木质，外贴金桃皮，锁纹连属，富丽堂皇，配铁鋄金錾花琫、珌。鞘加上、下金箍两道，以提梁连接，系以黄丝绦带，加设铜环、别子，作为佩挂之用。（刘立勇）

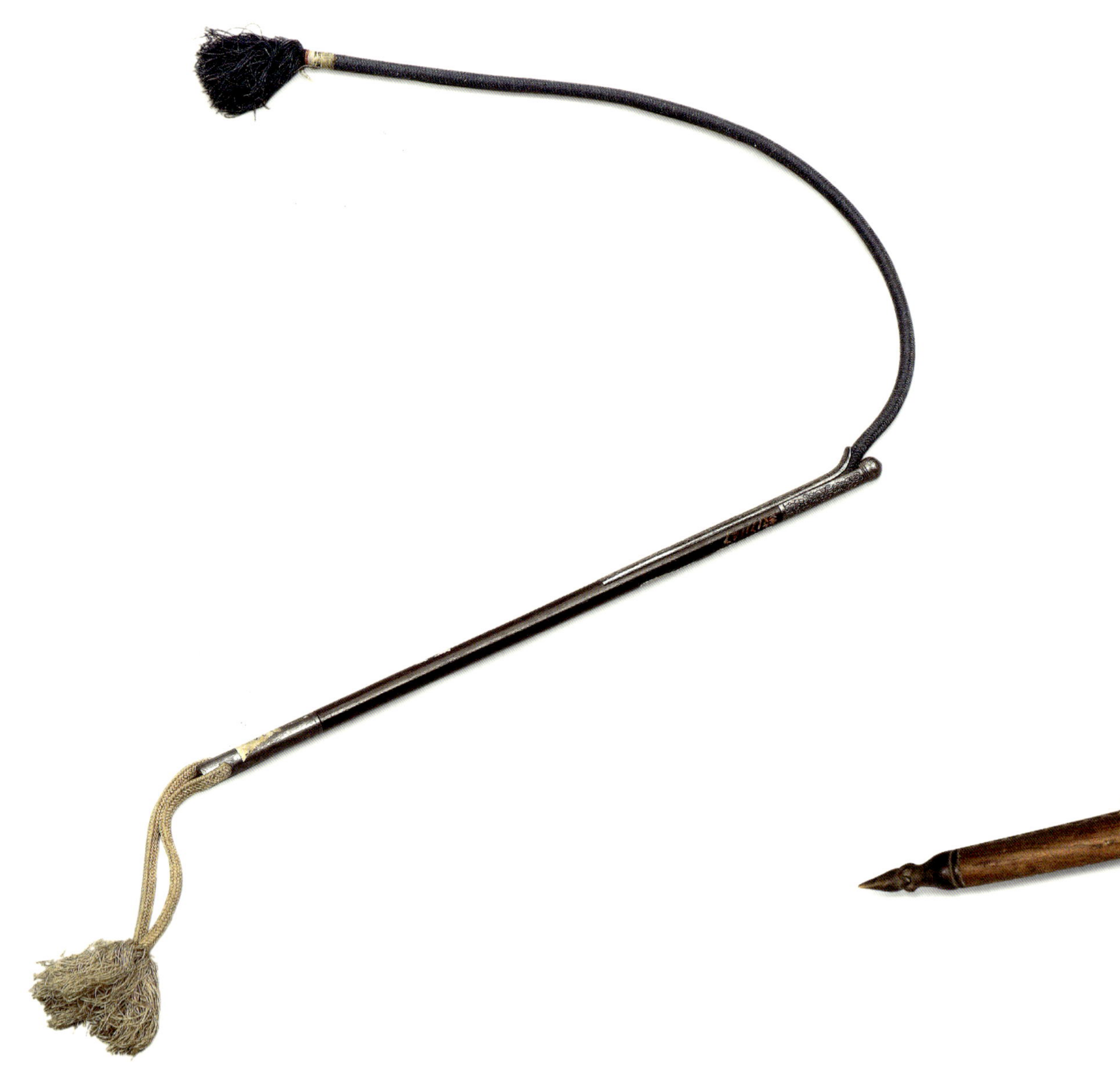

紫檀镶铜柄马鞭

清（1644 ～ 1911 年）
通长 93 厘米
故宫博物院藏

鞭身由蓝丝绦带制成，鞭梢为丝状。紫檀鞭杆，首尾镶铜，底有穿，系黄绦带。（刘立勇）

楠木雕龙纹鹿哨

清（1644～1911年）

通长80厘米

故宫博物院藏

木质，雕龙，镶牛角嘴。鹿哨为皇帝狩猎之用，围猎时模拟鹿鸣诱鹿而出，近而矢射。清代皇帝木兰秋狝时，多令皇子随行。乾隆皇帝十二岁时即随康熙皇帝木兰秋狝。乾隆十四年（1749年），十四岁的三阿哥永璋随乾隆皇帝木兰秋狝。（刘立勇）

弘历行书命追复睿亲王封爵谕卷

清乾隆四十三年（1778 年）
纵 35 厘米，横 173.2 厘米
故宫博物院藏

此卷为弘历御笔上谕，于乾隆四十三年（1778 年）春写于明黄蜡笺银龙纹纸上，原藏于重华宫。睿亲王多尔衮为清初摄政王，在清军入关、定鼎中原等战役中厥功至伟。其身故后，因敛服僭越等事被定为谋逆，并被褫夺爵位。

乾隆时期，弘历决定恢复多尔衮亲王爵位，恢复宗籍，并加谥号“忠”，配享太庙。同时恢复早期有功诸王的原始封号，以示不忘。乾隆御题引首“雪枉表忠”，已道明主旨。（施含牧）

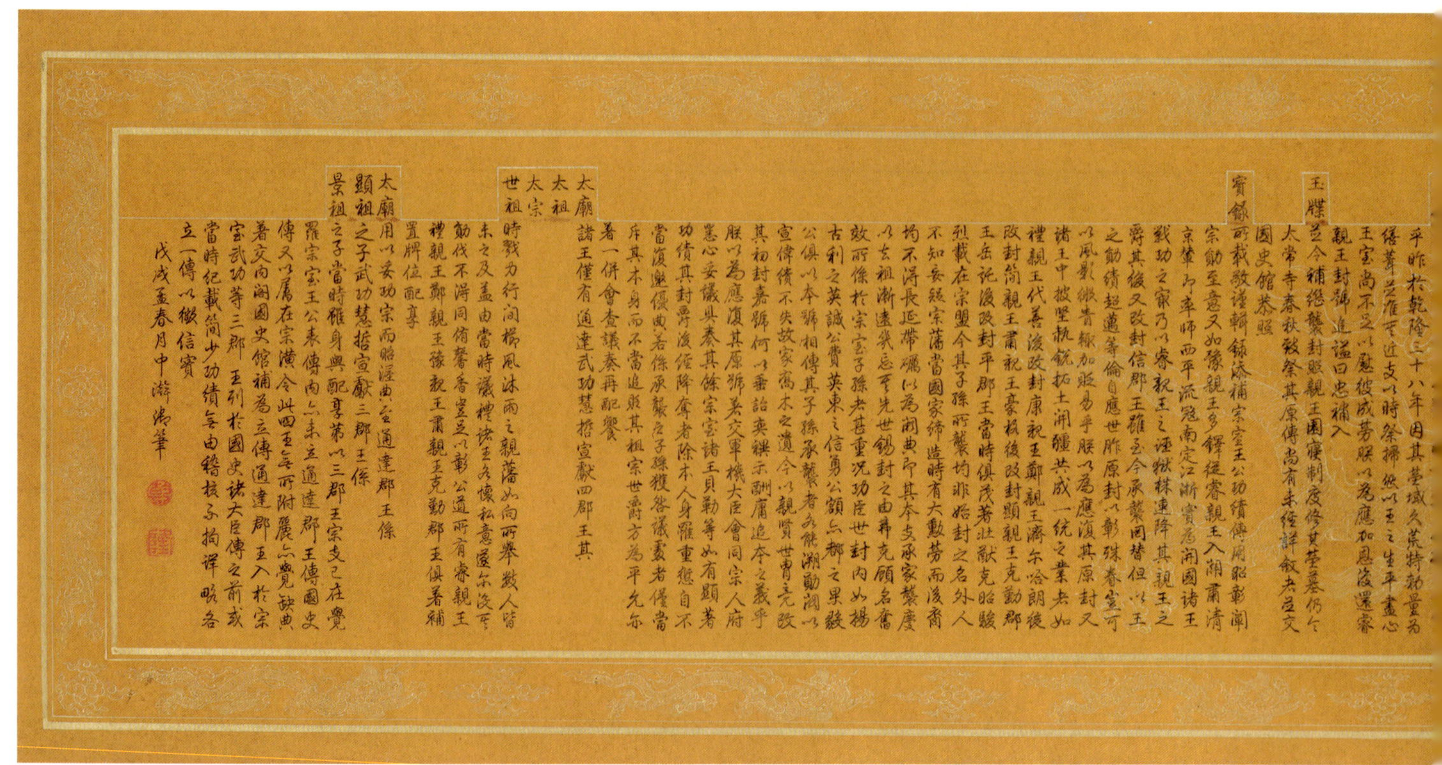

命追復睿親王封爵及復開國有功諸王原封並
予配享諭
睦親彰善王政宜先繼絕昭屏聖經所重朕自臨
御以來間日恭閱
列祖
列宗實錄一再因得備知
祖宗創業艱難及爾時懿親藎臣勤勞佐命底定中原
偉伐殊功實為從古所未有而當時宗藩錫爵崇
號崇封所以酬答者本從優厚迨其後或有及身
緣事被譴削者或有子孫承襲更易封號者迄
今揆情準理若不為之闡述揄揚追復舊恩於心
實有所未愜因念睿親王多爾袞當開國時首先
統眾入關掃蕩賊氛肅清宮禁分遣諸王追殲流
寇撫定疆陲一切創制規模皆所經畫尋即奉迎
世祖車駕入都定國開基以成一統之業厥功最著
歿以攝政有年威福不無專擅致王大臣未免畏而
忌之遂致殁後為蘇克薩哈等所構授款於其屬
人首告誣以謀逆經諸王定罪除封其時我
世祖章皇帝實尚在沖齡未嘗親政也夫睿王果萌異
志則方兵權在握何事不可為且英王三桂之所近
勝國舊臣之所奉止知有攝政王耳乎勢更無難
號召即我滿洲大臣心存忠篤者自必不肯順從
然彼誠圖為不軌何難潛鋤異己以遂逆謀乃不
於彼時因利乘便直至身後以斂服僭用明黃龍
衮指為覬覦之證有是情理乎況英親王阿濟格
其同母兄也於追捕流賊回京時誑報李自成身
死且不俟
命班師睿王即遣員斥責其非並免王公等往迎之禮
又因阿濟格出征時擅令出獵李鑑釋免逮問道
員及擅至鄂爾多斯土默特取馬令議其罪降為
郡王平日辦理政務秉公持正若此是果有叛志
者叛志乎又
實錄載睿王集諸王貝勒貝子公大臣等遣人傳語曰
今觀諸王貝勒大臣但知諂媚於予未見有尊崇
皇上者予豈能容此昔
太宗升遐嗣君未立英王豫王跪請予即尊位予曰爾
等若如此言予當自刎誓死不從遂奉
皇上纘承大統似此危疑之時以予為君予尚不可今
乃不敬
皇上而媚予予何能容自今以後有盡忠
皇上者予用之愛之其不盡忠不敬事
皇上者雖媚予予不爾宥也且云
太宗恩育予躬所以特異於諸子弟者蓋深信諸子之
成立惟予能成立之每覽
實錄至此未嘗不為之墮淚則王之立心行事實能篤
忠藎感
厚恩深明君臣大義尤為史冊所罕覯使王彼時如宋
太宗之處心積慮則豈肯復以死固辭而不為邪
說搖惑耶乃令王之身後久抱不白之冤於泉壤
心甚憫焉假令當時王之逆跡稍有左驗削除之
罪果出於我

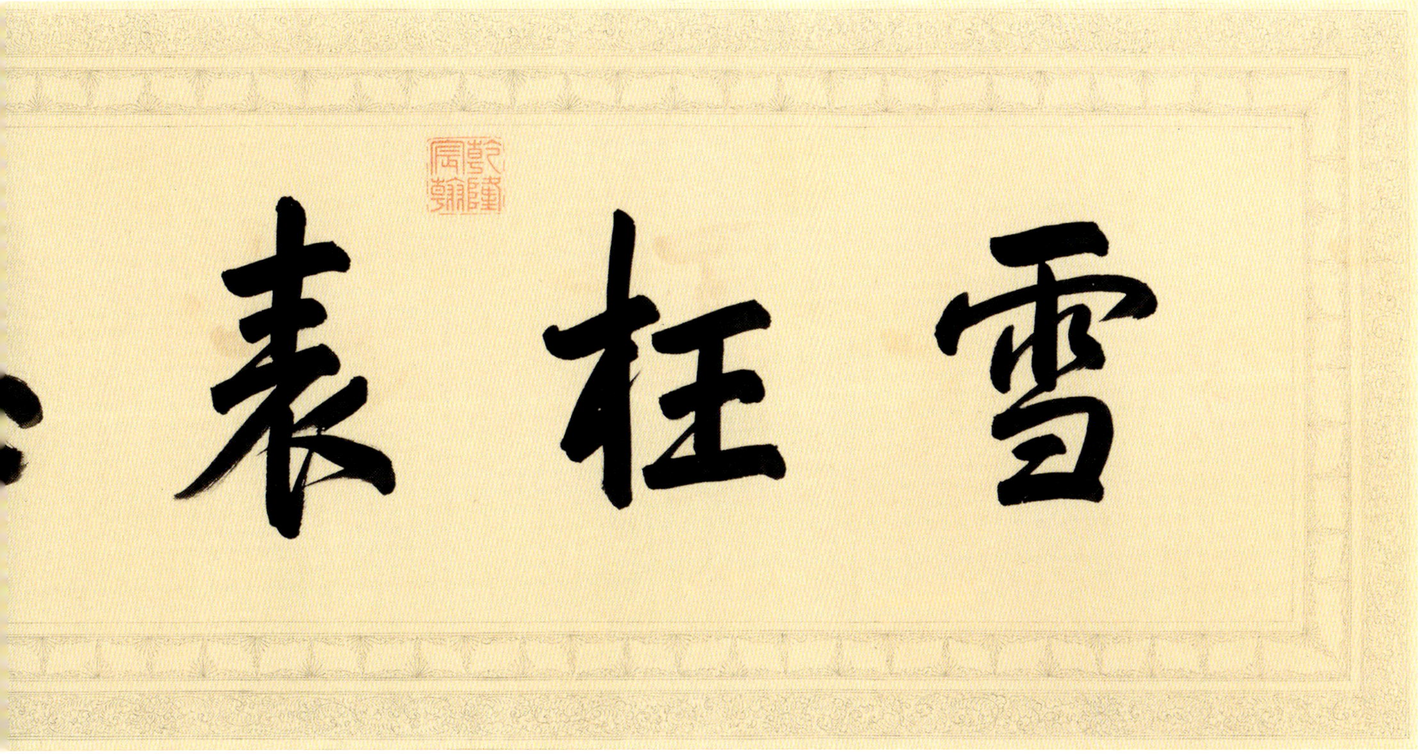

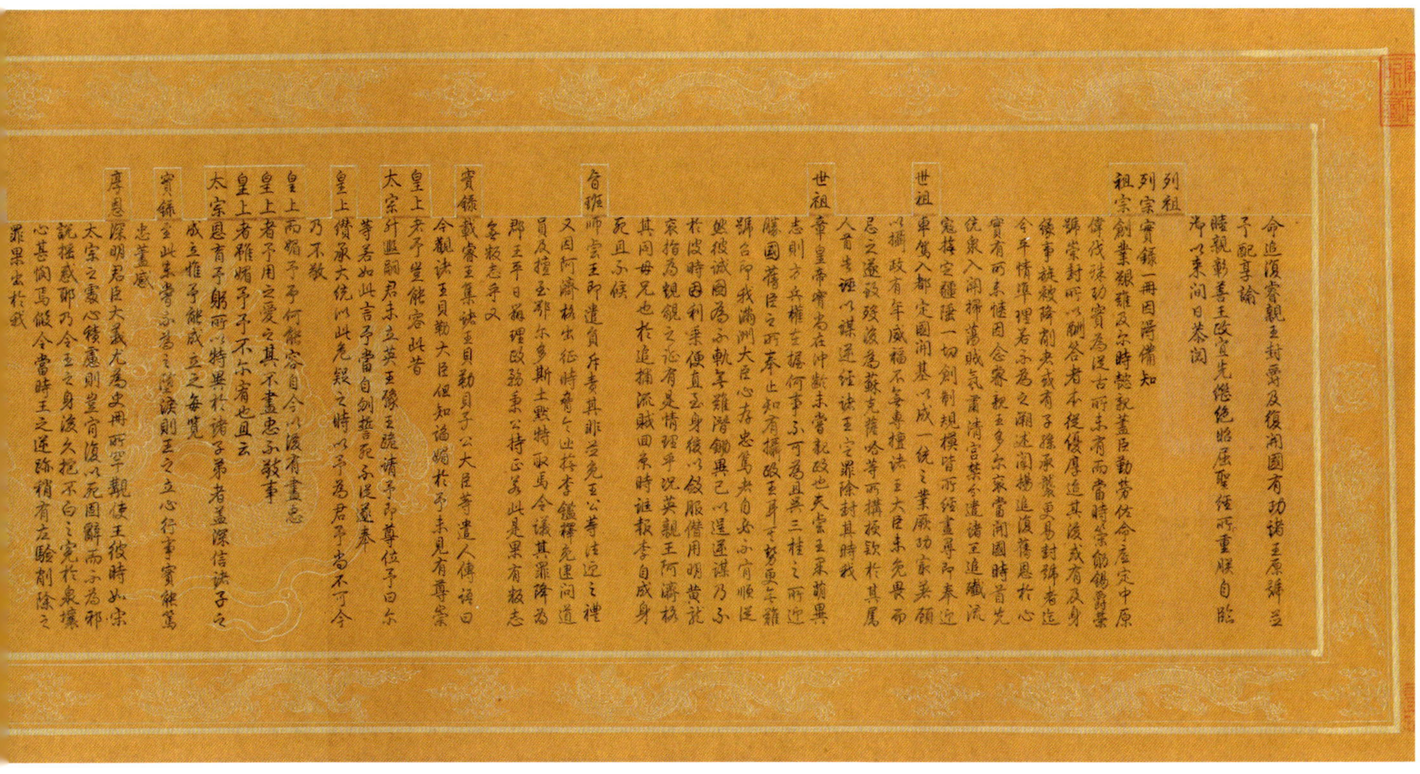

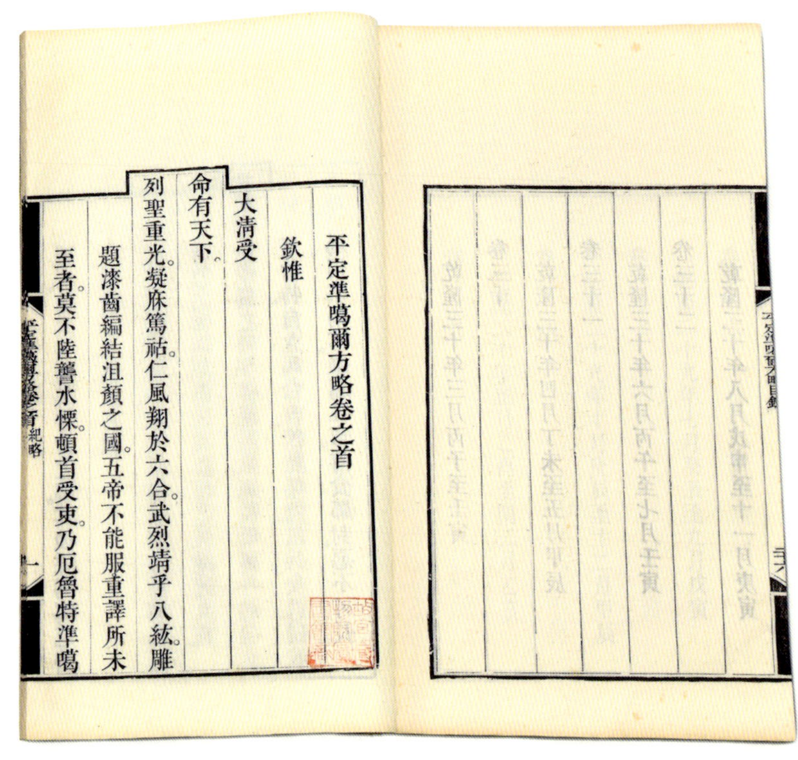
平定準噶爾方略卷之首
欽惟
大清受
命有天下
列聖重光。凝庥篤祜。仁風翔於六合。武烈靖乎八紘。雕
題漆齒編結沮顏之國。五帝不能服重譯所未
至者。莫不陸讋水慄。頓首受吏。乃厄魯特準噶

平定准噶尔方略

清乾隆三十五年（1770 年）

开本纵 34.5 厘米，横 21.6 厘米

故宫博物院藏

清康熙二十九年（1690 年）至乾隆二十二年（1757 年）六十余年间，清廷多次派兵平定准噶尔叛乱，康熙皇帝三次御驾亲征，雍正、乾隆皇帝亦多次派军出征，其间有多个皇子参与到平叛当中。如康熙五十七年，皇十四子允禵被任命为抚远大将军，率军驱逐侵占西藏地区的准噶尔军，简亲王之子永谦、裕亲王之子广善、淳郡王之子弘曙等亦随军出征。（袁理）

平定準噶爾方略前編卷之一

康熙三十九年。秋。七月。乙未。

命議青海事宜。

聖祖仁皇帝既平朔漠。大功底定。邊圉寧謐。策妄阿喇布坦者。噶爾丹之兄子。向與噶爾丹搆怨。及噶爾丹既滅。震懾

天威。畢詞乞命。

聖
旨

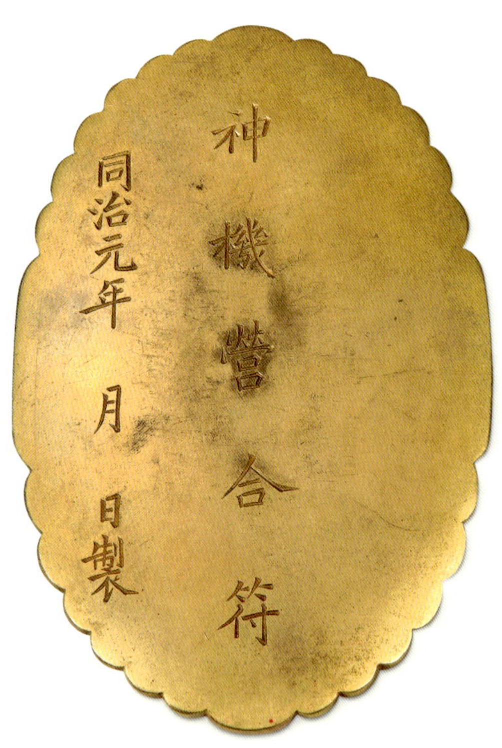
神機營合符
同治元年 月 日製

铜神机营合符

清同治元年（1862 年）

长 14 厘米，宽 9.3 厘米，厚 0.7 厘米

故宫博物院藏

铜镀金质，椭圆形。一面刻阳文“圣旨”，另一面刻“神机营合符　同治元年　月　日制”。合符为一种信物，制成后一分为二，供持有者双方相互印证。神机营开始于明朝时期，以火炮为主要装备。据光绪朝《钦定大清会典事例》卷一一六六载，道光年间已铸神机营印，但未建成军。咸丰十一年（1861 年）设神机营，选八旗满洲、蒙古、汉军及前锋、护军、步军、火器、健锐诸营的精锐为营兵，守卫紫禁城及三海，并扈从皇帝巡行。神机营银印由礼部颁发。道光帝第六子议政王奕䜣和第七子醇郡王奕譞督率管理神机营。（刘苒）

棕竹骨惠亲王书画婴戏图面折扇

清（1644～1911年）
骨长28.6厘米，面高16.8厘米
故宫博物院藏

惠亲王，即绵愉（1814～1865年），清仁宗嘉庆帝第五子，道光帝之弟。嘉庆间封惠郡王，在内廷行走，上书房读书。道光十九年（1839年）晋封亲王。咸丰初年被任命为奉命大将军，咸丰十年（1860年）与僧格林沁等办防，抵御英法联军。（刘岳）

醇亲王奕譞骑马像

清光绪十二年（1886 年）
纵 29.5 厘米，横 23.7 厘米
故宫博物院藏

爱新觉罗·奕譞（1840 ～ 1891 年），道光帝第七子，光绪帝生父，福晋乃叶赫那拉氏，为慈禧胞妹，初封醇郡王，同治十一年（1872 年）晋亲王。清光绪十一年（1885 年），清政府设置总理海军事务衙门，任命奕譞为总理。此张照片乃奕譞于大沽海口骑马校阅水军炮台水雷各操时所摄。（袁理）

结　语

有清一代，二百六十余年，十余世少年在紫禁城出生、读书、习武、成长，踏入政途，进而在国家生活中扮演重要角色。终其一生，他们的生活丰富多彩，并留下诸多见证。时至今日，透过这些历史遗物，我们可以近距离地感受他们的生活与审美情趣，领略其中蕴含的文化精髓，从而更好地树立文化自信，为今天的国家建设而服务！

Conclusion

Throughout the Qing Dynasty, which lasted more than 260 years, more than 10 generations of royal offspring were born, educated, trained in martial arts, and embarked on political careers to play important national governance roles in the Forbidden City. Their rich and colorful lives left behind plenty of artifacts, which offer an up-close view of their lives, aesthetics, and the cultural essence they embodied.

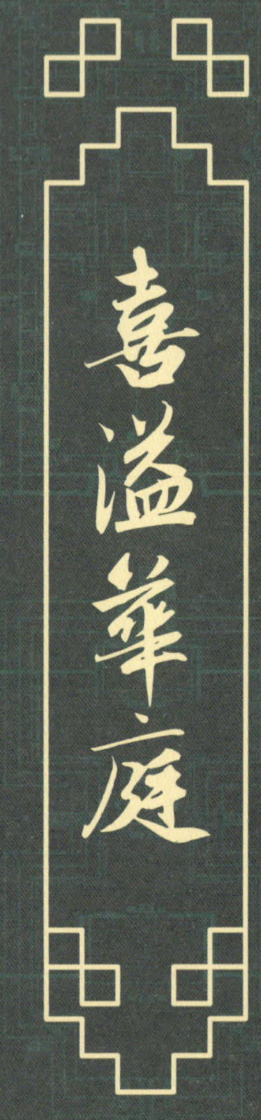

清代

宫中少年生活

文物展

专文

贵为皇子

悲喜降生清帝家

故宫博物院　任万平

古代中国社会，多数人一降生，其身份就打上了鲜明的等级标签，降生在帝王之家，就是金枝玉叶！可以享尽荣华富贵，然而，是喜耶？是悲耶？历史给出了不同的答案。

古代中国，一夫多妻，作为帝王，更是拥有三宫六院七十二嫔妃，螽斯振羽，子嗣众多，但因其生母身份等级与被父皇宠爱的程度不同而境遇迥异。清代是满族统治的王朝，与汉族统治的王朝相比，在对皇家子女的管理上亦多有不同，体现出鲜明的统治特点。

一　骨肉情薄

清代皇子刚一降生，在其生母生活宫殿区服务的太监（称之为宫殿监），即需把其出生的年、月、日、时，与其生母的名位、姓氏，及时进行登记。待到纂修玉牒之年（每十年修一次），该宫殿监再核实并上奏后，由总管内务府转给宗人府负责载入玉牒，其身份就正式成为皇室的宗籍成员。

皇子（包括公主）出生后，生母并非与其同住并亲自哺育，而是由宫中专职女性仆妇负责。《国朝宫史续编》记载：“皇子生，设乳母、侍母，承侍内宫”[1]，即“清祖制，皇子生，无论嫡庶，一堕地，即有保母持之出，付乳媪手”[2]。哺乳期的皇子公主住在皇宫东北角的兆祥所，远离其生母所住的东西六宫，由乳母喂养，断乳后则由保姆（或称为侍母）保育。保姆承担皇子公主的日常生活起居，以及浅显的礼仪启蒙。纵使有专人服侍，但是人间的骨肉亲情则被剥夺，他们自幼不在父母的怀抱，不能不说是人生的一大憾事！至皇子到六岁入学年龄，才能有“每日一朝于上前及皇太后、皇后宫”[3]，这里用的词是“朝”，也就是礼节性的晨昏定省问候，难有真正亲情的情感交流。皇子如若不是皇后而是妃嫔所生，他们也没有每日晨昏定省问候生母的机会。封建宗法制度下，所有庶出的子女均须以父亲的嫡妻为嫡母，因此妃嫔所生皇子，每日只可敬礼于皇后——嫡母，以及祖母皇太后。难怪《清代野记》写下的按语说“自襁褓至成婚，母子相见追不过百余面耳，又安得有感情哉！皇女得较皇子为尤疏，自堕地至出阁仅数十面。”[4]幼年的玄烨（康熙帝）因未患天花，而被隔离在紫禁城外北长街的一所宅第，终日不见父母，所以康熙帝晚年还在抱憾：“世祖章皇帝因朕幼时，未经出痘，令保母护视于紫禁城外，父母膝下，未得一日承欢。此朕六十年来抱歉之处”[5]。

二　待遇优渥

清代皇子贵为金枝玉叶，从一出生就享有众人服侍，钱粮丰裕的厚待。

《清稗类钞·皇子皇女之起居》载“一皇子乳媪四十人，保母、乳母各八，此外又有针线上人，浆洗上人，灯火上人，锅灶上人。既断乳，即去乳母，增谙达，凡饮食言语行步礼节皆教之。”如果此处记载属实，这就是几十人的规模。此外还有太监的服务。皇子降生后设首领太监1名，一般太监4名。皇子年至6岁增设太监3名，年至12岁再增设太监5名，皇子娶福晋时再增设太监10名，娶福晋以后再增设太监3名，这些太监负责洒扫、

1　［清］庆桂等：《国朝宫史续编》卷四十五《典礼》。

2　［清］梁溪坐观老人：《清代野记·皇室无骨肉情》。

3　［清］福格：《听雨丛谈·皇子冲龄入学读书》。

4　［清］梁溪坐观老人：《清代野记·皇室无骨肉情》。

5　《清圣祖仁皇帝实录》“康熙五十九年十二月甲辰条”。

值更等各项事宜。

作为天潢贵胄，经济上更享有极为优渥的待遇。道光朝规定：皇子从降生至满月开始，每月赏银10两；自入学（六岁）之月起，每月赏银50两；至十岁正月起，每月添赏银50两；自成婚之月起，每月赏银500两；成婚后每年生辰赏银900两[6]。而当其封爵后，更享有对应的俸禄，所谓“王朝颁禄，首重懿亲，视爵秩之尊卑，定俸给之多寡，银米兼支，岁有定额。和硕亲王，岁支银一万两，米五千石；世子岁支银六千两，米三千石。多罗郡王，岁支银五千两，米二千五百石；长子岁支银三千两，一千五百石。多罗贝勒，岁支银二千五百两，米一千二百五十石。固山贝子，岁支银一千三百两，米六百五十石”[7]。对比官员的俸禄，可谓天壤之别：“官员俸禄，凡在京文武官俸，俱按品级支给。其俸银，满汉一例颁发俸米。满洲、蒙古、汉军官员，初定每俸银二两支米三斛，后定每俸银一两支米一斛；汉官不论品，俱岁支米十二石……正从一品，岁给俸银一百八十两……”也就是说，文官一品俸银180两，汉官不论品级，每年所给俸米12石，如果是在旗的官员，俸米的多少是按俸银多少来对应，开始是俸银二两支米三斛，后定俸银一两支米一斛，即使按高限二两支米三斛对应，在旗的一品文官一年俸米也只是270斛，即135石。尽管顺治元年规定除以上的俸米外，文武官还包括柴直银，文官正一品，一年实发二百一十五两五钱一分二厘，从一品实发一百八十三两八钱四分四厘[8]。但仍与皇子差额巨大，不可同日而语。

此外，封为诸王贝勒的成年皇子，还会拥有田庄。顺治二年（1645年）题准：“给诸王贝勒贝子公等大庄，每所地一百三十晌，或一百二十晌至七十晌不等”[9]。这又是一项重要经济来源，收入颇丰。

皇子每日吃食亦可谓应有尽有。嘉庆元年（1796年）档案记载生活在宫中的皇子皇孙等每日吃食分例，每一位：内膳房用新粳米一升二合、白面一斤十二两，白糖二两、香油

---

6 《钦定宫中现行则例》卷四《经费》。赏银数目，不同时代有所变化，如嘉庆二十年谕旨“阿哥等年至十二岁，每月赏银一百两；至阿哥下进官女子时，每月赏月银三百两；娶福晋后每月赏银五百两。”奏销档536-085，中国第一历史档案馆藏。

7 康熙《大清会典》卷三十六《户部·宗室俸禄》。按王鸣盛《十七史商榷·米价》：“今以十升为一斗，五斗为一斛，二斛为一石。每升重一斤四两，每斗十二斤八两，每斛六十二斤八两，每石一百二十五斤”，1石为125斤。

8 康熙《大清会典》卷三十六《户部·廪禄·官员俸禄》。

9 康熙《大清会典》卷二十一《户部·各旗庄屯》。晌，为计算田地面积的单位。各地不同，无定数。《清史稿·食货志一》：“设粮庄，庄给地三百晌，一晌约地六亩。”

三两、面筋四两、粉锅渣十两、豆腐一斤、豆腐皮二张半、绿豆粉子一两三钱、绿豆菜四两、豆瓣二两、鸭蛋二个、白盐一两、红小豆一合五勺、做糟老米三合、甜酱三两五钱、酱瓜一斤、醋一两五钱、核桃仁一两、晾干枣一两六钱、姜二钱五分、怀曲一钱五分、花椒大料各二分五厘、白菜二斤八两、菠菜四把、大萝卜二个、水萝卜胡萝卜各四个、贝瓮菜一个、腌白菜一棵、腌芥菜二两、柴二十五斤、炭五斤、煤十五斤。皇子福晋每日吃食分例，每一位：内膳房用陈粳米一升二合、白面一斤十二两，白糖四两、红小豆一合五勺、芝麻三合、澄沙三合、做糟老米三合、香油一斤五钱、鸡蛋八个、面筋八两、豆腐一斤、豆腐皮三张、粉锅渣一斤、绿豆粉子二两、水粉三两、豆瓣四两、绿豆菜四两、白盐二两、甜酱四两、青酱二两、醋二两、花椒大料各五分、怀曲一钱五分、酱五钱、鲜菜五斤、冬菇一两、木耳五钱、柴八十斤、炭二十五斤、煤十五斤。如果又娶有侧福晋，也有相应的配给，只是数量稍减[10]。这些只是“副食”，至于肉食，此档案原也有记载，即皇子“做菜用猪肉二斤”、皇子福晋“做菜猪肉一斤”，后涂乙删改，痕迹明确。原因是另有专题文字记载配额，而不仅是这区区的数额，只是与此处重合故而删除。如比照《钦定宫中现行则例 · 宫分》，成婚后的皇子数量，当不在少数。成婚后其配额列在福晋项下：“每月羊肉十五盘；每日猪肉二十斤、陈粳米一升二合、老米六合、红小豆六合、白面八斤、怀曲一钱五分、绿豆粉二两、芝麻六合、澄沙六合、白糖一斤、香油一斤五两五钱、鸡蛋八个、面筋八两、豆腐一斤、豆腐皮三张、粉锅渣二斤八两、水粉三两、豆瓣四两、绿豆菜四两、蘑菇一两、木耳五钱、甜酱一斤、青酱八两、醋四两、白盐四两、酱瓜一斤半、酱茄半个、酱苤蓝半个、花椒五分，大料五分、鲜菜五斤。”除了这些以外，还应有鸡鸭鹅等，只是目前我们没有看到详细的档案。

生活在宫中的皇子，每项日用都有明确的配额，即如所用蜡与炭的规定，每日一两五钱重白蜡 1 支，一两五钱重羊油蜡 3 支，羊油更蜡 1 支（夏例五两，冬例十两），红箩炭冬例 5 斤，黑炭夏例 15 斤、冬例 25 斤。

皇子所穿衣着，色用金黄，夏料用绸缎，冬料有裘皮。可谓“锦衣华美，貂裘生暖”。《钦定宫中现行则例 · 宫分 · 皇子福晋位分则例》亦有明确记载。

10 奏案 05-0462-071，嘉庆元年《呈报皇子皇孙等每日吃食分例清单稿》，中国第一历史档案馆藏；合（gě）为容量单位，十合为一升。

三　典学严格

皇子皇孙待其长为幼童，年及六岁，即需入学，这是清朝对皇子教育管理的“家法”：“出阁读书，明季诸臣常争之。我朝家法，皇子皇孙无不六岁就外傅读书者”[11]。“皇子届六龄入学，诣尚书房东次西向室所奉至圣先师神位行礼，见总师傅、师傅，行对揖礼就坐读书，平时相见握手致敬。”[12]康熙一朝皇帝在乾清宫日常理政，为便于督察皇子为学，设书房于乾清宫对面的庑房，称尚书房，道光朝改称上书房。清宗室昭梿《啸亭续录·上书房》亦言：“书房在乾清宫左，五楹，面北向，近在禁御，以便上稽察也。”皇帝为皇子选择的师傅既要饱读诗书，更要具有严格且能循循善诱的品德，其间隐含着对皇子们“帝德”的启迪与养成，如弘历的一位师傅福敏“方正严惮，且能多方诱迪”[13]。自雍正朝开始不设太子，年幼诸皇子与年长的亲王嫡长子“世子”共学于上书房[14]，房内挂有雍正帝御笔联“立身以至诚为本，读书以明理为先”，乾隆帝又御笔匾“养正毓德”[15]。乾隆帝曾谕“尚书房翰林入教皇子皇孙等读书，惟须立品端纯，藉资辅导，原不同应举求名者，仅在文艺词章之末。况皇子及皇孙，年长者学业已成，其年幼之皇孙皇曾孙元（玄）孙等，甫经就傅，不过章句诵读之功，尚属易于启迪。选择师傅，只以品行为先，与其徒藉词藻华而不实，转不若朴诚循谨之人，尚可资其坐镇。”[16]在入学伊始，皇子等与师傅互为行礼，而且雍正朝以后，行礼并非在上书房，而是在皇帝经常读书、批阅奏章及鉴赏书画的懋勤殿：“我朝成例，皇子初就学见师傅，彼此皆长揖……命于懋勤殿行拜见之礼，示尊重也”[17]。因为懋勤殿之名称，乃康熙帝所定，其意为“懋学勤政”之简称，在这一具有深刻政治寓意的空间内行礼，是对诸皇子成就未来的巨大期许。

皇子师傅设有总师傅，属于总管负责考察，但不教授，即“以时稽察课程”[18]。另有具体的课业师傅，甚至有一对一的师傅。“由上书房总师傅翰林掌院学士，保荐品学兼至翰林官若干员引见，次日诏对便殿，察其器识端谨者，钦点某某为某皇子授读师傅。又派

11　《清高宗御制诗》四集卷五十八《怀旧诗二十三首》诗注。

12　［清］庆桂等：《国朝宫史续编》卷四十五《典礼·宫规·皇子就傅》。

13　《清高宗御制诗》四集卷五十八《怀旧诗二十三首》诗注。

14　［清］震钧：《天咫偶闻》卷一《皇城》。

15　［清］鄂尔泰、张廷玉：《国朝宫史》卷十二《宫殿·内廷》。

16　《清高宗纯皇帝实录》“乾隆五十五年十月下”。

17　《清高宗御制诗》四集卷五十八《怀旧诗二十三首》诗注。

18　［清］庆桂等：《国朝宫史续编》卷四十五《典礼·宫规·皇子就傅》。

一二员副之，谓之上书房行走。”[19]如嘉庆帝曾谕内阁可印证一对一的情况：“向来大学士尚书等简派上书房总师傅，及翰林官员派充阿哥师傅……派秦承业改充三阿哥师傅……万承风系二阿哥师傅”[20]，此时朱珪为上书房总师傅。

上书房内课程，每日所学既有四书五经、习字作文，又有满语骑射。四书五经以皇帝日讲解义为主。习字作文，以临习历代书法名家作品为主，现在故宫博物院还遗存有弘历临摹的“三希”“多宝塔碑”等作业，上面有师傅的圈点；作文则以先诵读名篇与韵律后习作。从下面这首诗可见乾隆帝在皇子时对所读诗文的体悟：“大雅止姬周，何人继三百。卓哉杜陵翁，允擅词场伯。歌谣写忠悬，灏气浑郁积。李韩望后尘，鲍谢让前席。缅想浣花溪，披读仰高格。诗史非妄评，良足娱朝夕。”[21]由此可知乾隆帝对杜甫甚为推崇，他也一生咏诗述史，著作大量御制诗文集[22]。满语骑射则由满文师傅传授，“又有清文师傅，日习清文，而于骑射技勇皆兼习之。故嘉庆癸酉之变，宣宗在书房亲以鸟铳殪贼。文宗及恭邸、醇邸皆善舞刀，有御制刀铭……上书房阶下为习射之所。上政事之暇，辄呼皇子、王子习射，诸师傅善射者亦与”[23]。嘉庆癸酉之变，即嘉庆十八年（1813年），天理教领袖林清带领一众教徒攻入紫禁城。当时正在书房读书的皇子旻宁（道光帝），以及他的同辈绵志（亦是乾隆帝之孙，永璇之子）均携枪冲出抗击，是平素实操训练的结果，也可谓临危不惧。

不只满汉文与骑射，皇子们也会学习更多的方面，如康熙帝三子允祉、四子胤禛都对音律颇有造诣，乾隆帝五子永祺还学了蒙古语与算术，乾隆帝说“朕视皇五子于诸子中觉贵重，且汉文、满洲、蒙古语、马步射及算法等事，并皆娴习”[24]。

至于皇子们的每年学习时间，则是不避寒暑，假期只有五天！“惟元旦、端阳、中秋、万寿、自寿，共放五日，余日虽除夕亦不辍也”[25]，可见清朝对皇子典学十分严格。大致每日学清文不过一小时，其余均汉课。上午读书，午后写字、念古文、念诗。年稍长加看

19　[清] 福格：《听雨丛谈·尚书房道光年奉旨改上书房》。

20　《清仁宗睿皇帝实录》“嘉庆十年闰六月”。

21　《御制乐善堂全集定本》卷一五《读杜诗》。

22　乾隆帝文集，皇子时著《乐善堂全集》，在位期间先后有《御制诗》初集、二集、三集、四集、五集，退位之后还有《御制诗余集》；文集有《御制文》初集、二集、三集，退位之后还有《御制文余集》。

23　[清] 震钧：《天咫偶闻》卷一《皇城》。

24　[清] 方浚师：《蕉轩随录·储贰金鉴》。

25　[清] 福格：《听雨丛谈·尚书房道光年奉旨改上书房》。

《通鉴》、作诗。作论之日减去写字，间亦有学作赋者，但不作“时文”。每日歇息 1 ～ 2 次，每次不过一刻钟。读书之暇，或讲书或讨论掌故，不许出院闲走[26]。如按文献所载，每日的学习时间，即早晨五点入书房，下午二点半下学，这是指的学文，而学武并不算在之内，在“散学”后再习射击，即“每日皇子于卯初入学，未正二刻散学。散学后习步射。在圆明园五日一习马射。寒暑无间，虽婚娶封爵后，读书不辍”[27]。每日具体的功课，“入学先学蒙古语二句，挽竹板弓数开，读清文书二刻，自卯正末刻读汉书。申初二刻散学，散学后晚食。食已，射箭”[28]。福格在同一书《听雨丛谈》的《尚书房道光年奉旨改上书房》与《皇子冲龄入学读书》两条的文献记载中，先后有“未正二刻散学”与“申初二刻散学”记载，似乎矛盾，实际上“未正二刻散学”应是指学文的结束时间，而“申初二刻散学”应是指完成“武训”后放学的时间。从上述记载可知到书房之早，无怪乎作为军机章京的赵翼感叹“本朝家法之严，即皇子读书一事，已迥绝千古。余内直时，届早班之期，率以五鼓入，时部院百官未有至者……然已隐隐望见有白纱灯一点入隆宗门，则皇子进书房也……薄暮始休。然则文学安得不深？武事安得不娴熟？宜乎皇子孙不惟诗文，书画无一不擅其妙，而上下千古成败理乱已了然于胸中”[29]。所谓“不惟诗文，书画无一不擅其妙”，我们只简单再开列一下，就可知清朝皇室子孙的艺文成就，康熙帝皇三子允祉领衔编纂《律历渊源》《古今图书集成》；十六子允禄精数学，通乐律，参与编修《数理精蕴》；十七子允礼著有《春和堂》《静远斋》等集；二十一子允禧绘画卓有成就，并著有《花间堂》《紫琼岩诗草》。乾隆帝六子永瑢是领衔编纂《四库全书》的总裁，著有《九思堂诗抄》；十一子永瑆是乾隆朝著名的四大书法家之一，亦著有《听雨书屋诗集》《诒晋斋集》《苍龙集》；十五子即后来的嘉庆帝亦有大量诗文集。

由于皇子均为冲龄入学，具体授受之法为：“与师傅共席向坐。师傅读一句，皇子照读一句，如此反复上口后，再读百遍，又与前四日生书共读百遍。凡在六日以前者，谓之熟书。约隔五日一复，周而复始，不有间断，实非庶士之家所及也”[30]。的确，清朝皇子每日课

26　万依主编《故宫词典·清宫教育》。

27　［清］福格：《听雨丛谈·尚书房道光年奉旨改上书房》。古人记时以十二时辰，其与现代的 24 小时制对应关系是，子时：23 ～ 1 时、丑时 1 ～ 3 时、寅时 3 ～ 5 时、卯时 5 ～ 7 时、辰时 7 ～ 9 时、巳时 9 ～ 11 时、午时 11 ～ 13 时、未时 13 ～ 15 时、申时 15 ～ 17 时、酉时 17 ～ 19 时、戌时 19 ～ 21 时、亥时 21 ～ 23 时，前一时段（第一小时）叫某初，后一段叫某正。

28　［清］福格：《听雨丛谈·皇子冲龄入学读书》。

29　［清］赵翼：《檐曝杂记·皇子读书》。

30　［清］福格：《听雨丛谈·尚书房道光年奉旨改上书房》。

习时间之长，训练之严格，绝不是一般庶士之家所及。

四　封爵管制

及至皇子长到十五岁，就有资格从皇子的统称中获得新的身份——爵位，自“康熙六年定，皇子满十五岁，宗人府具题请封，其爵级出自钦定”[31]。也就是说，其获得爵位的高低，不因其生母的身份高低决定，而是由父皇对其宠爱的程度，以及个人的作为而定。其封爵的年龄，一般在十五岁以后，此时大体也是其成婚年龄，一般封爵后成婚。但也并非绝对，如后来的乾隆帝弘历，在雍正十一年（1733年）才封为宝亲王，时年二十二岁，其成婚则是十七岁。

清朝的爵位共分十二级，即和硕亲王、多罗郡王、多罗贝勒、固山贝子、奉恩镇国公、奉恩辅国公、不入八分镇国公、不入八分辅国公、镇国将军、辅国将军、奉国将军、奉恩将军。清朝封爵的一大特点是，后世承袭考论功德，主要实行递降制度[32]，亲王等之嫡长子（世子），如无建立功勋，就从亲王降为郡王，郡王降为贝勒，贝勒降为贝子。皇子封为前四级，嫡长子爵位承袭父爵或降级，第五级以下则为亲王、郡王、贝勒、贝子的次子以下所封爵位。

如果成年皇子多，则在皇宫外赐予府邸。清代汲取前朝皇子封藩后在地方发展势力，与皇帝分庭抗礼的教训，采取封爵但不赐藩土，府邸设于京师。在皇帝的牢牢监控之下，虽俸禄丰厚，但不可有更多超越制度的自由。对他们拥有的自卫或用于平素训练的武器装备也有严格的数量限制，顺治十八年（1661年）题定：“亲王箭三千枝、弓十张；郡王箭二千枝、弓八张；贝勒箭一千五百枝、弓六张；贝子箭一千枝、弓六张。”[33]尽管皇子常驻京师府邸，但如若前往京郊，也必须向宗人府报备或向皇帝请假：“凡给假，顺治十四年题定，诸王以下，或往汤泉，或往扫墓，或以他事出城停宿者，俱诣告宗人府；诸王以下，奉恩将军以上，具题请旨……皇上巡幸，王等以下觉罗官员以上，一概不准给假”[34]。这是对居住宫外府邸的成年皇子的规定。对即使成年，暂未独立于

31　雍正《大清会典》卷一《宗人府》。

32　只有在清初建立巨大功勋的八家爵位，另有清中晚期四家爵位实行世袭罔替，俗称铁帽子王，即清初郑亲王、礼亲王、睿亲王、豫亲王、肃亲王、庄亲王、克勤郡王、顺承郡王，清中晚期的怡亲王、恭亲王、庆亲王、醇亲王。

33　康熙《大清会典》卷一《宗人府》。

34　康熙《大清会典》卷一《宗人府》。

宫外设府生活的皇子，因其随父皇在宫内或御园同住，而且“虽婚娶封爵后”，仍要“读书不辍”，管理之责仍在尚书房，对其管束尤为严格，出宫或出园，一则须向父皇禀报，二则须通知师傅，绝不可随意出宫活动。乾隆三十五年（1770 年），乾隆帝发现皇八子因个人之事私自从圆明园入城，既未向他奏报，也没有禀告师傅，为此事发布谕旨，痛批皇子的随意与师傅的不作为，并把此谕旨贴在尚书房以使皇子朝夕观省：“阿哥等在书房读书，所以检束身心，自当出入有常，跬步必谨。如每月派祭奉先殿等事，原可循例径行，其余或有他故外出，必须以实奏闻，庶举动不得自由，且有合于出告之礼。今八阿哥以己事入城，并未奏知，又不关白师傅，殊属非理，且皇子每出，例派散秩大臣侍卫等护行，非惟体制宜然，亦所以致其防闲，使不得行止任情……至师傅为诸皇子授读，岂仅以寻章摘句为能？竟不知随事规劝俾明大义。而总师傅，则尤当尽心诲导，凡事纳之于善，勿使稍有过愆……今已将八阿哥及师傅、谙达分别示儆，并为明切诫谕，令录一通，实贴尚书房，使皇子等朝夕观省，知所劝戒”[35]。

当然，在严管的同时，也有罪责上的减免宽待，这是皇族贵戚的法外特权：“国初定，王贝勒贝子等，除犯谋叛等重罪外，其余过犯，或黜夺人丁，或罚赎银两，不拟处死、监禁……顺治十四年题定，郡王以上，犯大罪传至宗人府讯问，若微罪止在本府讯问。其贝勒以下俱传至宗人府讯问”[36]。他们犯罪，不受国家法律的制裁，也不由国家的法律机器刑部审讯，重者只在宗人府讯问处置，只是当作家族内部的裁决而已。

这些拥有足够财富与特权的皇室子弟，尽管有上述法外特权，但亦不可尽情逍遥，“家法”对其还有明确的禁令。顺治十五年（1658 年）题定：“诸王以下，毋得溺于逸乐，耽玩丝竹及演戏观鱼，在城外关厢放鹞，并不许妄行亵狎……宗人府官不时巡察，有犯者，王府的管理人员长史等官也要一并受到议处。”[37]

清朝皇子皇孙们没有太多的自由，须接受严格的教育与管理，因此，清朝诸代很少有皇子耽于淫乐，多有一定作为。正如白居易《庐山桂》诗：“枝干日长大，根荄日牢坚”，清朝得以延续国祚近三百年，也成就了封建时代最后的辉煌。

（故宫博物院文华学者计划得到香港赛马会全力支持，公益慈善研究院独家捐助，在此特别鸣谢！）

35　《清高宗纯皇帝实录》“乾隆三十五年五月癸未条”。

36　康熙《大清会典》卷一《宗人府》。

37　康熙《大清会典》卷一《宗人府》。

微物怡情

中国古代的投壶游戏

故宫博物院　万秀锋

投壶为中国古代游戏的一种，先秦的射礼，是射礼的一种变礼。即将箭矢投到壶内，以投中的多寡分出胜负，是士大夫饮酒时进行助兴的投掷游戏。投壶游戏出现得很早，在《礼记》中就有专门的记载，说明当时这种游戏在诸侯士大夫间很流行。随着时代的发展，投壶也逐渐从射礼的变礼转变成一种游戏，其娱乐性逐渐取代礼仪性，成为大众喜闻乐见的一种投掷游戏。北宋时期的司马光对投壶的规则进行改革，使其一定程度上具有复古的特征。但因这种改革并不符合社会的发展潮流而逐渐式微。明清时期，投壶游戏逐渐成为文人士大夫或闺阁女子的游戏。

诸如《礼记》等古代著作中记载了投壶活动的缘起、所用器具和规则等，为我们了解投壶游戏提供了很好的文献资料。故宫博物院现藏的明清绘画和投壶相关的文物则为我们了解投壶提供了直接的文物资料。本文拟结合相关文献和文物资料，梳理古代投壶的发展脉络，所用器具和游戏规则，以展现这种游戏原本的面貌。

一　投壶游戏的历史渊源

《礼记・投壶》记载："投壶者，主人与客燕饮讲才艺之礼也。"[1]投壶在中国出现的时间很早。三国时期的邯郸淳有作《投壶赋》："古者诸侯间于天子之事，则相朝也，以正班爵……繁登降之节，盛揖拜之数。机设而弗倚，酒澄而弗举，肃肃济济，其惟敬焉。敬不可久，礼成于饫，乃设大射，否则投壶。"[2]《投壶赋》中的"古者诸侯间于天子之事"，说明其时代不晚于春秋战国时期。而"乃设大射，否则投壶"，说明投壶与射礼之间的密切关系。郑玄注《礼记・投壶》："投壶，射之细也"，也说明投壶是从"射礼"演化而来的。"射礼"是古代重要的礼仪活动，是士大夫参加宴会等交际活动时必备的技能之一。北宋的司马光在《投壶新格》中认为："（投壶）其始必于燕饮之间，谋以乐宾，或病于不能射也，举席间之器以寄射节焉。"[3]就是说投壶是从射礼演变而来，用于宴会间助兴的游戏。后来，由于古代有的士大夫疏于练习射术，"或病于不能射"，因此才出现了投壶这种替代性的游戏。作为射礼的延伸，投壶最远的投掷距离不超过九尺，近的仅五尺或七尺，很显然与射礼习武练兵、选拔人才的作用相去甚远。明代的汪禔在《投壶仪节》中说："投壶，射礼之细也，燕而射，乐宾也。庭除之间，或不能弧矢之张也，故易之以投壶。"因为场地的限制，无法举行射礼，从而用投壶方式代替射礼，也是投壶出现的原因之一。总的来看，古代文献中记载的投壶游戏，采取以矢代箭，以壶代射，成为射礼的一种替代形式。

现在所见关于投壶较早的文献是《左传・昭公十二年》中的记载："晋侯以齐侯宴，中行穆子相。投壶，晋侯先，穆子曰：'有酒如淮，有肉如坻，寡君中此，为诸侯师。'中之。齐侯举矢，曰：'有酒如渑，有肉如陵。寡人中此，与君代兴。'亦中之。"[4]这里所讲的是齐国国君齐景公到晋国贺新君登基，期间晋侯和齐侯举行投壶比赛的情况。从记载来看，当时的投壶是一种燕饮之余娱乐活动。比赛以投中壶为目的，投壶的同时伴随着一些说辞，类似于对答的形式表达各自内心的想法。

1　［汉］郑玄注，［唐］孔颖达正义，吕友仁整理：《礼记正义》，上海古籍出版社，2008 年（以下均同）。

2　［唐］欧阳询编：《艺文类聚》卷七十四，上海古籍出版社，1965 年。

3　［宋］司马光：《投壶新格》，《丛书集成续编》，第 102 册，台北新文丰出版公司，1989 年（以下均同）。

4　［春秋］左丘明撰，王守谦、金秀珍、王凤春译注：《左传全译》，贵州人民出版社，1990 年。

汉代，投壶还基本上保留着“射礼之细”的内涵。在《后汉书·祭遵传》中记载：“遵为将军，取士皆用儒术，对酒设乐，必雅歌投壶。”“雅歌投壶”传承于春秋战国时期的娱乐方式，也成为当时的一种时尚。在很多汉代画像石上就有士大夫投壶作乐的记载。南阳汉画馆藏一汉代画像石，生动记录了投壶的场景：画面正中立一壶，壶内有两矢，壶左侧为一三足樽和勺。壶的两侧为两投矢者，两人头戴进贤冠，一手捧矢，一手作投掷状。画面左侧一人弯腰作眩晕状，一人搀扶之。画面右侧一人专心注视，作司射状。从画像石描述的内容看，壶的形制为“大口、竖颈、圆腹、下有三足”，参与投壶的三人及旁边的司射，均着进贤冠及宽袍大袖，这种装束为汉代士大夫等文职人员的常规着装，进贤冠是其身份标志，这说明汉代参与投壶者多为士大夫阶层[5]。从画像石的内容来看，与《后汉书·祭遵传》中记载的儒士“雅歌投壶”很吻合。说明当时的投壶游戏在文人士大夫间很流行，投壶须以雅歌相伴，还被当作是取士的途径之一。

与前代相比，汉代的投壶游戏也衍生出不同的玩法。《西京杂记》中记载：“武帝时，郭舍人善投壶，以竹为矢，不用棘也。古之投壶，取中而不求还，故实小豆于中，恶其矢跃而出也。郭舍人则激矢令还，一矢百余反，谓之骁……每为武帝投壶，辄赐金帛。”[6]从记载来看，郭舍人的投壶并非以往的“取中”，而是“激矢令还”，让中壶的竹箭再弹出来。而其中“实小豆于中”就是在壶内放上小豆，根据《礼记》的记载投壶内放置的都是小豆，便于箭矢插入。因此郭舍人的投壶内很可能不放小豆，而是放置容易反弹的物品或者直接中空令其增加反弹力。这种类似于杂技表演的投壶技巧使其受到汉武帝的奖赏。“每为武帝投壶，辄赐金帛”的记载，说明汉武帝也非常热衷投壶游戏，至少是一位忠实的观众。从郭舍人的表演看，这种投壶与文人间流行“雅歌投壶”并不相同，使用更加轻便的“竹矢”，更多的是追求技巧性和观赏性。

魏晋南北朝时期，投壶游戏受到整个社会的喜爱，其技巧性更强，出现了许多新的玩法。《太平御览·晋书》记载，当时的巨富石崇“有妓善投壶，隔屏风投之。”隔着屏风投壶，不能看见壶的方位，全凭感觉，类似于盲投。《晋阳秋》中记载，一名叫王胡之的人“善于投壶，言手熟闭目。”这里的“手熟闭目”和石崇妓的“隔屏风投之”有异曲同工之意。在《颜氏家训》中记载当时的投壶有“倚竿、带剑、狼壶、豹尾、龙首”等不同的玩法。投壶游戏在魏晋时期非常盛行。《南史·柳恽传》记载：“齐竟陵王尝宿晏，

5　金爱秀：《投壶考论》，《南都学刊（人文社会科学报）》2011年第4期。

6　［唐］欧阳询编：《艺文类聚》，上海古籍出版社，1965年，第1278页。

明旦将朝见，恽投壶枭不绝，停舆久之，进见遂晚。齐武帝迟之，王以实对，武帝复使为之，赐绢十二匹。”柳恽通宵达旦投壶，影响觐见，齐武帝不仅不斥责，反而让其表演，并赏赐绢匹。从记载来看，这一时期的投壶游戏的技巧性与娱乐性成为主要特点。值得一提的是，作为专门介绍投壶游戏的作品，三国时期魏国的邯郸淳所作《投壶赋》也在这一时期问世，成为后世了解投壶历史发展演变主要的文献之一。

隋唐时期，延续了魏晋以来投壶娱乐化的发展方向。隋炀帝时，不仅日常进行投壶娱乐活动。还出现了《投壶乐》舞蹈，即将投壶融入舞蹈中，成为一种宫廷舞乐。唐代，投壶游戏几乎完全娱乐化。《太平御览》记载：“夫宾宴之礼，务达诚敬，不继以淫。……前代名士，良辰宴聚，或清谈赋诗，投壶雅歌，虽以杯酌献酬，不至于乱。国家自天宝以后，风俗奢靡，宴席以喧哗沉湎为乐，而居重位、秉大权者，优杂倨肆于公吏之间，曾无愧耻。公私相效，渐以成俗，由是物务多废。”[7]从记载中，可以看出当时“投壶雅歌”的方式已经不复存在，更多的是“成俗”，即不再遵守礼仪的约束，走向完全娱乐化。

到宋代，针对投壶娱乐化的特点，面对无益于教化的投壶旧格，北宋时期的司马光选择了创立投壶新格以明教化。在司马光所著《投壶新格》中说：“投壶，射之细也，古之君子射以观德，为其心平体正，端一审固，然后能中故也，盖投壶亦犹是矣。”“世传投壶格图，皆以奇隽难得者为右，是亦投琼探阄之类耳，非古礼之本意也。”投壶作为射衍生出的一种变礼，有求正诸己，反躬自问的道德作用，对君子心性的涵养大有裨益。司马光改革投壶的目的是改变自汉代后期以来投壶娱乐化的倾向，进而影响社会风气的转变。但正如许婵妍在《司马光〈投壶新格〉探析》一文中所说，《投壶新格》的撰作是基于司马光对北宋之际社会现实的深切体认和反思，也与其自身对礼的重视息息相关。司马光增损旧格，创立新格，是想以投壶为教化工具，以此改变五代以来社会礼乐不兴，纲常不济的现状。司马光之新格，通过降低和限制不符合德之内涵的投法算数，提高合于德的投法分数，以期望回归投壶是道之实践的内涵。但投壶活动的艺术美感和娱乐技艺在历史演变中已经得到不断拓展，也成为人们喜爱投壶的重要因素，新格将创意性投法一概否定，且在计分方式上做出很多限制，很大程度上降低了投壶活动的娱乐性，从而阻碍了新格的推广和实施[8]。

自司马光强行的“复古”投壶改革后，投壶的娱乐性降低，加之很多新的游戏方式出现，

7　［宋］李昉：《太平御览》第 1 册，中华书局，1960 年，第 553 ～ 554 页。

8　许婵妍：《司马光 < 投壶新格 > 探析》，《历史文献研究》，总第 42 辑。

最终使得魏晋以来流行的投壶游戏逐渐没落。明清时期，投壶逐渐成为闺阁女子和文人娱乐的工具。虽然，明人王向在《投壶奏矢》中记载当时投壶有所谓的“春睡、听琴、倒插、翻蝴蝶”等一百四十余种投法，可谓名目繁多。但投壶在当时社会上的流行程度已大为降低。

二　投壶游戏所用器具

在中国古代，有些著作中记载了投壶的游戏规则，如《礼记》中的“投壶”篇等。在这些著作中，记载了投壶游戏所需用的器具、参加游戏的人员和具体的游戏规则。根据记载，我们可以看出，投壶游戏参加游戏的人员包括主人、宾客、司射、使人和弦者，所用的器具包括投壶、矢、中、算、豆、爵、磬和鼓等。

参加投壶游戏的人员主要有主人、宾客、司射、使人和弦者。《礼记》“投壶”篇中记载:“投壶之礼，主人奉矢，司射奉中，使人执壶。”主人即设宴的主人，宾客即参加宴会人员，主人和宾客是主要的投壶游戏参加人员。司射即裁判，通过计数投壶内的箭矢数量决定胜负。使人即仆人，负责摆放器具，为参赛人员提供箭矢及其他杂务。弦者，即负责音乐表演的人员。

投壶游戏所用的器具主要有以下几类:

1. 投壶。投壶是游戏的主要器具，不同时代投壶的形制也有所不同。《礼记》“投壶”篇中记载:“壶颈修七寸，腹修五寸，口径二寸半，容斗五升。”记载中并未提到壶耳的存在。

1974 年在河北三汲乡战国时期的中山王墓中，出土了一件三犀足筒形铜器。据专家学者们考证，这件铜器应是古代的投壶，可见最早的壶并没有壶耳的存在。壶耳的出现，应该和“贯耳”“耳倚竿”等花式投壶技巧的需要有关。在河南南阳的汉代画像石上描述的壶的形制为“大口、竖颈、圆腹、下有三足”，这与《礼记》“投壶”篇中的记载是吻合的。说明至迟在汉代，投壶尚未有壶耳。但随着魏晋时期投壶技巧的发展，越来越多的花样使得投壶也不断变化，后逐渐演变成中为壶，两侧为耳的造型。

2. 矢。矢就是投壶所用的箭矢。一般来说，投壶所用矢的材质有木、竹等。汉代之前，投壶所用的多是折掉箭头的箭杆，多为硬木制成，《投壶赋》中有“矢维二四，或柘或棘”的记载。《西京杂记》中记载，汉武帝时，“郭舍人善投壶，以竹为矢，不用棘也。”郭舍人用的是更加轻便竹箭而非硬木的箭矢。汉代之后，箭矢基本上都是竹制。

矢的长度根据投壶举行的地点有所不同。《礼记》“正义”篇中记载：“矢有长短，亦随地广狭”。矢的长度并不固定，而是根据举行活动的地点决定所用矢的长度。举行投壶活动的地点一般分为三处，分别是室中、堂中和庭中。不同地点的选择有时根据时间来确定的，如日中在室，日晚在堂，傍晚会去到庭中。日中在室可能是为避免太阳，傍晚太阳落山后就到庭院中。室内所用的矢最短，其长度为五扶，古代“四指曰扶”，一扶大概就是四寸，“五扶者，则二尺也”。在堂中时，所用矢的长度增为七扶，即二尺八寸。到庭中时所用矢的长度也最长，为三尺六寸。文献记载所用矢的长度并非一成不变，因不同时代、不同地域、不同玩法所用的矢的长度是有差别的。特别是在民间游戏中，并不能做到整齐划一，更多的是就地取材。

3. 中和算。中和算是连在一起使用的，“中”是司射（裁判）手中捧的盛有计数算筹的器物，“算”是插在中里计算每人投中数目的小棍。《礼记》中记载，投壶所用的“中”，刻成各种不同的动物形象代表着不同的社会等级，“大夫兕中，士鹿中，其中之形，刻木为之圈，以盛算。”大夫投壶用的兕中是卧伏的野牛形象，士投壶用的鹿中是卧伏的鹿形象。

算，即算筹，是用于计数的筹码。古代的算筹有木、竹、象牙等不同材质。投壶所用的算多为木质，算的大小统一，放置中内便于计数。

4. 豆。豆，即小豆，是投壶内的填充物。古代投壶内放置小豆，是为了防止投中的箭矢反弹出来。《礼记》“投壶”篇中记载，“壶中实小豆焉，为其矢之跃而出也。”《西京杂记》记载：“古之投壶，取中而不求还，故实小豆于中，恶其矢跃而出。”从记载来看，汉代之前投壶主要的规则就是“取中”，所以在壶内放小豆为稳固壶内的箭矢。汉代之后，随着投壶技巧性增强，娱乐化成为投壶主要的游戏方向，类似郭舍人的“激矢令还”等表演逐渐受到欢迎。在《颜氏家训》中也提到这种改变，“投壶之礼，近世愈精。古者，实以小豆，为其矢之跃也。今则唯欲其骁，益多益喜。”到宋代，投壶内已经不见豆的踪迹。

5. 爵、磬和鼓。爵是饮酒器，磬和鼓都是乐器。投壶原本就是燕饮时的游戏，因此饮酒成为古代投壶活动中必需的活动，因此作为饮酒器的爵必不可少。在《礼记》等文献中都将爵作为投壶游戏中重要的器具。磬和鼓是举行投壶时弦者演奏的乐器，为配合投壶活动进行的乐器表演器具。爵、磬和鼓都属于投壶游戏的辅助性器具，在礼仪的范畴内与投壶、中、算等组成一套完整的投壶工具。

魏晋时期，随着投壶娱乐化的加强，诸如爵、磬和鼓等辅助器具很多时候并不一定全部具备，特别是在民间举行的投壶活动，多数都会省略掉一些繁琐的仪式。到明清时期，随着投壶逐渐成为文人和闺阁的游戏，诸如礼乐表演等也少有出现，爵、磬和鼓等器具也逐渐失去了在投壶游戏中的作用。

三　投壶游戏的规则

中国古代，投壶的游戏规则随着时代的变化而不断发生变化。在《礼记》“投壶”篇中详细记载了当时的投壶游戏规则。从记载来看，早期的规则非常繁琐。

1．“三请三辞”礼。《礼记》中记载的举行投壶游戏的开篇是这样的：“投壶之礼，主人奉矢，司射奉中，使人执壶。主人请曰：‘某有枉矢哨壶，请以乐宾。’宾曰：‘子有旨酒嘉肴，某既赐矣，又重以乐，敢辞。’主人曰：‘枉矢哨壶，不足辞也，敢以请’。”这段文字中，主人准备好投壶的工具，请宾客游戏，宾客推辞。其后，主人再请，宾客再辞，如此三次后方行拜礼，接受主人奉上的箭矢，宾主相互揖礼，做好投壶的准备。从记载来看，投壶作为射礼的变礼，在很大程度上承袭了射礼的一些礼仪。“三请三辞”之礼看似繁琐，却是投壶游戏中最重要的礼节之一，是当时社会个人礼仪修养的重要表现。正如司马光在《投壶新格》的序言中提到：“投壶可以治心，可以修身，可以为国，可以观人。”

随着投壶游戏的日渐娱乐化，“三请三辞”这种繁琐的礼仪也逐渐简化。到宋代司马光在《投壶新格》中重申了投壶游戏的教化功能，制定了一些“仿古”的繁琐仪式。但时代终究不同，到明清时期，投壶游戏的规则更趋简单，“三请三辞”礼几被忽略，更多的成为文人士大夫一种慕古的仪式。

2．定方位。投壶之前，“司射进度壶，间以二矢半，反位，设中。”就是说司射首先确定好投壶的方位，将投壶放在合适的位置上。“间以二矢半”说明这是在室内，距离比较近，其所用的箭矢也较短，一般用长度为五扶，“五扶者，则二尺也”，大约 66 厘米。“二矢半”的距离大约 80 厘米。也就是说，古代在室内举行的投壶游戏距离是比较近的。所用箭矢中最长的是庭院中所用的“三尺六寸”，大约 110 厘米，与古代长箭的长度相仿。如此长度的箭矢其与壶的距离也就相应变长。

3．宣讲规则，配乐。司射确定好方位之后，取出“中”放到指定的位置上。司射面东而立，手持八“算”（因参赛两人共有八支箭矢，所有每一矢备一算，共有八算）。四射宣讲规则，即“胜饮不胜者”，即取胜的一方要罚输的一方喝酒。规则宣讲完毕后，命令弦者奏《狸首》曲。《狸首》是逸诗的篇名，上古行射礼时，歌《狸首》为发矢的节度。《韩非子・八说》中有“《狸首》射侯，不当强弩趋发”之句，说明《狸首》是古代配合射礼进行的诗歌。投壶作为射礼的变礼，奏《狸首》之曲也不足为奇。春秋战国时期，举行投壶游戏时，要反复演奏五遍《狸首》首遍序曲，待第二遍乐曲终了，鼓声响起时，投掷才正式开始。

4．投掷。随着乐曲的演奏，宾主双方开始投掷箭矢。到乐曲和鼓声都停止了，双方把四支箭矢全部投完。每投进一支矢，司射就在投中的“中”中放置一“算”，称之为“释算”。每八支矢为一局，各投完四支矢，该局结束。一般规定，双方比赛三局，每局获胜者“立一马”。若三局全胜，则立三马。若结果是二比一取胜，则输的一方将自己的一马归于取胜的一方，凑成三马。三马立，比赛结束，双方斟酒以庆贺得胜的一方。

不同时代的投壶规则也有变化。魏晋时期，随着投壶技巧性的增强，出现了各种名目的规则，如司马光在《投壶新格》中提到的投法有“有初、连中、有终、全壶、贯耳、骁箭、败壶”等十几种。比如，“有初”即投中首支箭矢，“连中”即从第二支箭矢开始连续投中，“有终”即投中最后一支箭矢。随着投壶的演变，壶耳出现后，还出现了诸如“贯耳”“横壶”“倒耳”“耳倚竿”等不同名目。如“贯耳”即将箭矢投进壶耳中，因壶耳口小于壶口，因此难度更大，所以在《投壶新格》规定“贯耳十算”，相当于投壶口中的十倍。

投壶作为古代射礼的变礼，也是君子个人礼仪修养的重要表现。正如司马光在《投壶新格》说，“射以观德”“心平体正”这些在投壶中表现出来的个人修养是这一活动重要意义。但到明清时期，随着投壶游戏的娱乐化，《礼记》中记载的关于投壶的诸多规则已经难以适应时代的变化。投壶游戏中的诸如“三请三让”礼，司射定方位，奏《狸首》之乐等规则很多都已不复存在，更多的是按照游戏者本人的意愿进行，古代投壶游戏“修身、治心、观人”的功能也就很难存在了。

四　明清宫廷的投壶游戏及文物遗存

明清时期，投壶作为一种体育游戏也受到宫廷的欢迎。现藏于故宫博物院的明代画作《明宣宗行乐图》中就有专门表现明宣宗朱瞻基投壶的场景。该画作共展示了明宣宗几类体育活动，包括射箭、蹋球、马球、投壶等。其中表现投壶的场景是在画作的左边第二场景，从绘画中我们可以基本了解当时宫廷的投壶游戏。从绘画中可以看出，投壶的位置是在庭院中，苍松翠竹，方亭内美食佳肴罗列在桌。明宣宗朱瞻基坐在院内折叠凳上，手持红色箭羽的矢，正前方为一铜投壶，目测明宣宗与投壶的距离为两矢多。画中壶内共有三支红色矢投中，其中一支正中壶内。一支插在壶耳上，即投壶中的“贯耳”。另一支从壶耳插入贴在壶颈，即“耳倚竿”。明宣宗对面手捧矢之人就是与其对赛的人，所用的矢为蓝色箭羽，其三支蓝色箭羽的箭矢散落在地，显然是表明蓝色矢均未投中。

明宣宗身后一位托箭之人，手托两支箭矢，宣宗对面之人手捧三支蓝色箭矢。从画面上看，每种颜色的箭矢都有六支，这与《礼记》中记载的“八支矢”显然是有变化的。画面下方两位侍者一人捧酒壶，一人捧酒杯，奉酒说明其遵循古代投壶中的饮酒习俗。捧酒

二人身后两位托盘者，其所托为比赛所用筹码。从画面上看，其与《礼记》中记载的“中和算”的形制并不相同，当时明代宫廷比赛所用的筹码。绘画中，所用的投壶圆口、直颈，有两壶耳，底为六边形，壶上装饰有纹饰。这与故宫博物院现存的投壶文物非常相似，说明这一时期投壶的形制多是如此。

在故宫博物院所藏的喻兰绘《仕女清娱图册》中也有表现清代闺阁女子投壶的场景。画中场景为室内，旁侧柜格中摆放有书籍、茶具和炉瓶三式。一女子在端坐于椅上，前方圆凳上放置一投壶。从画面上看，该投壶为青铜制，圆口，直颈，壶身椭圆形，壶口处有壶耳四个，壶腹上有四个小瓶。该女子所用的矢较短，且没有箭羽，旁边的侍女负责为其

《明宣宗行乐图》局部　故宫博物院藏

提供投掷所用的矢。

综合这两件绘画作品来看，一件是帝王投壶的场景，一件是闺阁女子投壶娱乐。《明宣宗行乐图》中的投壶场景中所用的投壶、矢、筹码及旁侧的奉酒等，明显带有一些古代投壶礼仪的色彩。而喻兰绘《仕女清娱图册》中则完全是女子自娱自乐的表现，除了投壶和矢外，并没有诸如算筹等辅助器具，也没有繁杂的礼仪，简单易行，这也是当时社会投壶游戏的真实反映。

清乾隆皇帝对投壶游戏也颇为喜爱，并有两首关于投壶的诗作存世。其中一首为《投壶》诗中有“中堂聚嘉客，投壶怡我情。一中讵云巧，三辞礼亦成。胜负不相角，新诗还共赓”

喻兰绘《仕女清娱图册》　故宫博物院藏

之句[9]。在诗中，乾隆皇帝与臣子室内投壶游戏，追慕古代“三请三辞”的礼仪。另一首《咏投壶》，全诗如下：“文士风流非所慕，先王制作至今存。诗歌狸首乐惟雅，酒奠丰觞语戒喧。宾主雍容欢既洽，降升揖让节堪论。哨壶枉矢虽微物，我欲因之一讨源。”[10] 在诗中，乾隆皇帝认为投壶虽然是微物，但承载了古代谦让欢洽的礼仪，是值得推广的游戏活动。

从故宫博物院所藏的几件投壶实物来看，这些投壶多是乾隆时期制作的，材质上都是铜质，在造型上多以仿古的造型为主，且很多投壶上有乾隆小篆体的御制诗。其中一件投壶文上就刻有乾隆皇帝这首《咏投壶》诗。该投壶通高 44.5 厘米，壶口径 6.7 厘米。投壶通体凸雕花纹，头部主体为夔龙纹，两边饰以回纹边，双耳各有三道回纹边，内有夔龙纹和连叶纹。颈部两端为蕉叶纹饰，富丽高洁，中间方形匹面为小篆体的乾隆皇帝的御制诗

9　[清] 爱新觉罗・弘历：《清高宗御制诗文全集》，中国人民大学出版社，1993 年，第 199 页。
10　[清] 爱新觉罗・弘历：《清高宗御制诗文全集》，中国人民大学出版社，1993 年，第 248 页。

铜投壶　故宫博物院藏

文《咏投壶》，并有“乾隆戊辰御制并题”的落款。壶肩部有连珠纹、如意云纹和缠枝莲纹，寓意“吉祥如意”“富贵高洁”。壶腹纹饰以夔龙纹为主体，间以回纹边饰，底部为蕉叶纹的底托。此投壶整体花纹古朴，造型凝重，儒雅稳重，文字装饰与花纹图案相得益彰。故宫博物院现藏有一些与投壶搭配的矢，共有两种。一种是木质，光素无纹饰，两头宽，中间较细，尺寸较长，有 74 厘米和 80 厘米两种。这种木矢应该是户外投壶所用。另一种竹矢，上以金线花纹装饰，尺寸稍短，长 66.5 厘米，与古代室内所用“五扶”长度的矢吻合，所以这种很可能是清宫室内投壶游戏时所用的矢。

结语

投壶为中国古代的游戏一种，是士大夫饮酒时进行助兴的投掷游戏。投壶游戏最早是作为古代射礼的变礼，因此早期承袭了很多射礼的礼仪。后随着时代的发展，投壶游戏逐渐走出繁琐的礼仪，更多的是追求技巧性和娱乐性，成为大众喜闻乐见的一种游戏。北宋司马光在《投壶新格》中对投壶规则进行了改革，过于繁琐的仪式使得投壶游戏在明清时期逐渐式微，变成文人和闺阁女子的游戏。

投壶游戏所用的器具和游戏规则也随着时代的变化而变化。总的来看，呈现出去繁就简的发展趋势。投壶的形制在不同时期也有所变化，特别是汉代之后，随着投壶游戏的娱乐化，在壶身上加耳、加瓶，壶身的构造也不断演变，使得投壶的规则也相应发生变化。从故宫博物院所藏的绘画和投壶实物上看，明清时期除了宫廷或文人游戏时还带有一些射礼的色彩外，民间或闺阁女子在游戏时基本将古代礼仪简化，变成一种单纯的投掷游戏。

皇子奕訢的读书生活

文化和旅游部恭王府博物馆　王宇博

道光十七年丁酉二月十七日（1837 年 3 月 23 日），六岁的皇六子奕訢正式入上书房读书。在此前一年，奕訢已开始启蒙学习，他在自己的诗文中回忆“余于丁酉就傅，而先于丙申（1836 年）叨蒙慈训”[1]，“仰蒙宣宗成皇帝恩勤教诲”[2]，“次年循例就傅读书”[3]。

作为以骑射定天下的马背民族，清朝帝王十分注重对皇子的教育，并采取汉文化与满文化教育并行的制度。汉文化教育发端于入关前，到皇太极时期，汉文化教育已显出一定分量。康熙帝更是对皇子的教育非常上心，他认为“自古帝王，莫不以预教储君为根本，朕恐怕太子不深通学问，即未能明达治体，是以面命耳提，自幼时勤加督促，训以

1 ［清］奕訢：《正谊书屋试帖诗存》，西泠印社出版社，2010 年，第 1 页。

2 ［清］奕訢：《乐道堂文续钞》卷一，西泠印社出版社，2010 年，第 33 页。

3 ［清］奕訢：《乐道堂文续钞》卷一，西泠印社出版社，2010 年，第 33 页。

礼节，不使一日间断。”[4]康熙帝谨识祖宗家训，文武要务要并行，讲课骑射不敢废，故令太子皇子等既课以读书，兼令娴习骑射[5]。从清朝立国，至康熙时期，基本确立了“以儒学作为君王亲贵的精神支柱，以骑射作为维护统治的基础”[6]的教育思想。雍正时期，皇子集中于上书房上课的制度正式形成。乾隆继位后，沿袭前朝对皇子的教育制度，并对皇子学习地点、入学年龄、教育方式和内容、皇子教育人员的选拔和来源，以及师傅的严格选用制度作出了更进一步的明确规定。至此清朝形成皇子以满汉蒙文、骑射为主的满汉兼备、文武并行的教育制度。

清朝皇子的教育具有“严”和“全”两个特点。“严”，即家法分明、管理严格；“全”，即内容广泛、文武兼修[7]。奕訢回忆自己在上书房时期的学习生活时，也对严和全的特点有所提及：“我朝龙兴东土，肇造丕基，以弧矢威天下。圣圣相承、谆谆训谕，以国语骑射为根本，毋尚浮华，务崇质朴，须臾曷敢忽诸。”[8]

清朝规定皇子六岁开始入上书房读书[9]，上课时间也是严格管理。秋冬季每日卯正三刻（6:45）入上书房读书，春夏季略早15分钟上课，下课时间则根据功课多少而定，据奕訢的上书房师傅翁心存记录，最晚会到未正三刻（14:45）下课。道光朝规定：凡遇万寿节、皇太后万寿节、皇后千秋节、诸皇子生日及端午、中秋，各位阿哥皆不上书房[10]。如果皇子生病或陪同皇帝外出祭祀、狩猎、听戏等，不必入上书房读书。如果只是接驾还宫或是拜见皇太后等活动，会在活动结束后或下午开始上课。夏季，天气酷热，道光帝下旨“书房自初伏日始，至处暑日止，皆半功课，于午初散直”[11]；年末封篆后，午初（11:00）下课；腊月廿八后可以提前至巳初（9:00）下课。

皇子读书重在选师，皇子平时与授课师傅一起读书，所以皇帝对于授课师傅的选择十分严格。首先由上书房总师傅翰林掌院学士，保荐品学兼备翰林官，次日诏对便殿，考察其品行，钦定某某为皇子授读师傅[12]。经常与皇子一起的是授课师傅，而在授课师

4　中国第一历史档案馆：《康熙起居注》，广西师范大学出版社，1999年，第1638页。

5　［清］赵尔巽：《清史稿》，中华书局，1998年，第9062页。

6　吴吉远：《清代宗室教育述论》，《社会科学辑刊》1977年第6期，第92～98页。

7　霍玉敏：《清朝的皇子教育及特点》，《黑龙江民族丛刊》2006年第2期，第77页。

8　［清］奕訢：《乐道堂古近体诗》卷一，西泠印社出版社，2010年，第1页。

9　同8。

10　［清］翁心存：《翁心存日记》，中华书局，2011年，第250页。

11　［清］翁心存：《翁心存日记》，中华书局，2011年，第259页。

12　［清］福格：《听雨丛谈》，中华书局，1980年，第247页。

翁心存四十岁画像

傅中又以汉文师傅的地位最高，授课最为重要[13]。六岁的奕訢入上书房读书，由翰林学士翁心存[14]担任他的汉文师傅。据翁心存记录，入上书房两个月后，奕訢已读完《大学》，六月底完成《中庸》，年底读完《论语》，第二年读完《梁惠王》后，又继续读《孟子》。艺术教育也是皇子教育的重要环节，其中皇子们的书法学习历来受皇帝的重视。书法学习包括满文书法和汉文书法，皇子自幼便开始刻苦练习书法，奕訢在入上书房两个月后便开始学习书法，从此书法贯穿了他的一生。皇宫内收藏众多历代名家法帖，为皇子学习书法、临摹碑帖提供了良好条件。奕訢的书法功底扎实，成年后的书法风格更是自成体系、独具特色。

13　吴吉远：《清代的皇子教育与上书房》，《紫禁城》1995 年第 2 期，第 12 页。

14　《清史稿》卷一七二："翁心存，字二铭，江苏常熟人。父咸封，官海州学正。知州唐仲冕见心存有异才，奇之，授之学。道光二年，成进士，选庶吉士，授编修。大考擢中允，督广东学政。任满，入直上书房，授惠郡王读。寻督江西学政，累迁大理寺少卿。十七年，复直上书房，授六阿哥读。逾年，以母老乞养。家居十年，终母丧。会子同书督贵州学政，陛辞，宣宗命传谕促之来。二十九年，至京，仍入直，授八阿哥读。补祭酒。历内阁学士、工部侍郎，调户部。"

奕訢二十七岁像

皇子们的集中教育在上书房，上书房设于雍正朝，但名称始自康熙三十二年（1693年）。宫内上书房位于乾清门内东侧南庑，在没有特别规定上书房地点以前，其地点在南薰殿西长房、兆祥所等处。奕訢曾记述，皇子读书处为室三层，室各五楹，前曰“前垂天贶”，中曰“中天景物”，后曰“后天不老”[15]；室中恭悬纯庙御笔联，曰“闲庭不改风还月，敧案依然易与诗”[16]。上书房房间分为三层，不同年龄的皇子在不同房间、跟随不同的师傅学习；奕訢便是和四哥奕詝、五哥奕誴共同在上书房学习，只是跟随不同的授课师傅。皇子的读书处不只在宫内，西苑、圆明园也设有上书房，一般皇帝驻跸在哪里，皇子们就在哪里读书。道光帝大部分时间都待在圆明园，奕訢正式开始读书时，就是在圆明园的上书房。皇子们经年累月共同读书，都积累下很深厚的兄弟情。雍正皇帝建立密储制度后，皇子之间为争夺皇位的那种你死我活的争斗就消弭了，乾隆朝以后，皇子们都能和平共处，尤其是道光皇帝的皇子之间，体现出了兄弟情谊重于权力的温情[17]。即使到了知命之年，

15 ［清］奕訢：《乐道堂古近体诗续钞》，西泠印社出版社，2010年，第28页。

16 ［清］奕訢：《萃锦吟》卷八，西泠印社出版社，2010年，第8页。

17 孙其刚、张军：《清恭王府研究》，学苑出版社，2019年，第213页。

奕訢也常常怀念与兄弟们在一起的读书时光，“忆昔髫龄就傅，余与兄在宫内上书房东斋同休共读。荏苒光阴五十余载，风景宛在目前”[18]。

皇子与上书房师傅日日相处、朝夕相伴，二人之间常常结下深厚的情谊，有些在皇子成年后也存续着密切的师生感情。奕訢在与师傅翁心存学习一年后，翁心存因母亲年事已高，几经思量后，上书道光帝请辞回乡奉养慈母。获恩准后，翁心存与诸皇子辞行，大家都眷恋不舍。虽然奕訢只和翁心存相处一年多的时间，但感情深厚，翁心存日记里记述下当时的场景，“年幼的六阿哥则尤闻言愕然，执手呜咽，涕泪纵横”[19]。

准许翁心存回乡的同时，道光帝命贾桢为奕訢的上书房师傅。贾桢[20]，道光丙戌（1826年）科一甲二名进士及第，由翰林入直上书房。贾桢知识渊博、教导有方，在奕訢看来，自己的老师“不仅为经师，即立身行政，在在可奉为圭臬”[21]。奕訢在上书房读书的十余年间，几乎每天与贾桢朝夕讨论，“赖先生切磋琢磨之功，略开茅塞”[22]；“函丈之追随最久，德门行事耳熟能详焉”[23]。

怆怀风景忆三天，绛帐青灯侍讲筵。
握手平泉成永别，伤心华黍未终篇。
乡云望断千余里，化雨亲承卅六年。
重道崇儒恩礼渥，苾芬歆享诏褒贤。[24]

这首悼亡诗是同治十三年（1874年）奕訢写给贾桢的，九月二十二日是贾桢生日，奕訢前去探望他，并谈论许久。贾桢自知病体久虚、医药罔效，不免唏嘘，又与奕訢执手相谈，强作笑颜。而奕訢能做的，也只有安抚宽慰，之后含泪而别。只是没想到，这一别即为永别，三天后贾桢溘然长逝。自贾桢于上书房教授奕訢开始，奕訢与老师贾桢相伴三十六载。他在悼亡诗后回忆了与老师学习时光的点滴，这也是自己作为学生的学习时光。

从雍正帝起设立的密储制度，使每位皇子都有可能成为皇位的继承人，也促使每位皇子

---

18 ［清］奕訢：《萃锦吟》卷八，西泠印社出版社，2010年，第8页。

19 ［清］翁心存：《翁心存日记》，中华书局，2011年，第331页。

20 《清史稿》卷三九〇：“贾桢，字筠堂，山东黄县人，道光六年进士，道光十六年入直上书房，咸丰八年充上书房总师父，同治十三年卒，谥‘文端’”。

21 ［清］奕訢：《乐道堂文钞》卷五，西泠印社出版社，2010年，第8页。

22 ［清］奕訢：《乐道堂文钞》卷五，西泠印社出版社，2010年，第21页。

23 ［清］奕訢：《乐道堂文钞》卷五，西泠印社出版社，2010年，第15页。

24 ［清］奕訢：《乐道堂古近体诗续钞》，西泠印社出版社，2010年，第27页。

奕訢部分作品集

都勤奋好学、兢兢业业，毫不懈怠，既要具备日后掌握国家的能力，也要为日后治国理政打下坚实的基础、能够承担起继任大统的重任。皇子们在严格的教导和培养下，都具有较高的汉文化素养，且学习内容广泛，他们大多精通经史、诗词、武艺等，尤其在文学艺术上，能诗善文。奕訢也不例外，诵读之余，闲习试帖及古近诸体。他在成年后，空闲之余将自己积累多年的文章诗词整理成册、刊印出来，其中包括多篇在上书房时期所写的“作业”。

在论及文章写作时，他奕訢自述“溯自童年，就傅治经之功，既毕，执笔学为文。几二十寒暑，其闲难易之故，浅深之境，与年俱毕、与学俱殊，既不可以强同其所为者，或论理，或论事，或因事而纪述，或即境而涉笔，体制亦不一例而当操觚之时俨乎。若思芒乎，若迷不敢以轻心掉之，不敢以怠心易之，则有如韩柳二子之所云者。诚惧其戾于理，而背于道也。”[25]

25 ［清］奕訢：《乐道堂文钞》卷一，西泠印社出版社，2010 年，第 2 页。

在论及诗歌创作时，他认为“诗者志之所之也，在心为志，发言为诗，情动于中，而形之于言，言之不足，故嗟叹之；嗟叹之不足，故咏歌之。自古骚人逸士借以发挥其才智、涵儒其性情，或高目民生，或系怀君国，或俯察仰观以写其胸臆，或赏心乐事以鼓其性灵，荡涤芜秽、振刷精神，俾端趋向而识指归此故人言诗之义也。”[26]

清朝规定皇子成年受封即出书房。少年的读书时光已经结束，但对于奕訢而言，汉文化的学习伴随着他的一生，尤其是对唐诗宋词的终生热爱、对书法绘画的毕生追求，种种点滴都融化在他《乐道堂文抄》《乐道堂古近体诗》《萃锦吟》等作品集中。

---

26 ［清］奕訢：《乐道堂古近体诗》卷一，西泠印社出版社，2010 年，第 1 页。

宫廷史展览的生活化表达

『喜溢华庭——清代宫中少年生活文物展』的策划与实施

故宫博物院　吕韶音

2023 年 9 月 25 日，由故宫博物院与文化和旅游部恭王府博物馆（以下简称恭王府博物馆）共同打造的“喜溢华庭——清代宫中少年生活文物展”在恭王府博物馆乐道堂展厅开幕。这一展览以故宫博物院所藏、与清宫宗室子孙日常生活及文武教育相关的文物为主体，融入恭王府博物馆所藏、与王府历代主人有直接关联的文物，力图在有限的空间内，为观众展示不一样的清宫生活。

四年前，在几乎同一个时间，故宫博物院与恭王府博物馆签署了合作框架协议。这两个有着深厚的历史渊源，在两百多年历史变迁中紧密相连的古老建筑遗址，在新的时代，不仅要迸发出新的生机和活力，更要携手共进，共同传承和弘扬中华优秀传统文化。在这一框架下，展览展示成为双方合作的重要内容之一。举办一场什么样的展览，如何做好第一个合作展，成为摆在双方工作人员面前的紧要问题。

缘起：联合办展意向的达成

联合办展是当前博物馆合作的重要方式之一。这种合作模式打破了博物馆“有什么展什么”“看菜做饭”的限制，破除了完全依赖自身馆藏来规划展览主题的局限性，击碎了博物馆间的馆藏壁垒，推动了博物馆的交流与合作，促进了藏品资源的流动共享，也带动了展览选题的扩大化、深入化、学术化，提升了展览的文化性、观赏性和社会性，真正意义上实现了“让文物活起来”。

博物馆联合办展，既可能是不同的博物馆展览互相“走出去”与“引进来”，即通常意义上的“引进展”和“交换展”；也可能是由某个博物馆担任大纲设计，在某个固定主题下，依靠自身及其他博物馆的相关藏品共同填充展览内容，集多馆文物资源于一体，使观众能够在一个展览中欣赏到多个博物馆的珍贵藏品，对出借藏品的文物保管单位而言就是“借展”；还有可能是多个博物馆分别挖掘自身馆藏，同期或者接续对同一个展览题目进行阐释，也就是“联展”。联合办展是博物馆之间的相互成就，这种合作方式为博物馆的展览展示带来了更多的可能性。

当下的博物馆展览，按照传播目的和构造可以分为“审美型展览”和“叙事型展览”。审美型展览“强调文物艺术品本身美的呈现，在展示方式上一般采用美学价值展示法，即强调突出文物艺术品本身的展示，强调展示艺术品的美学价值”[1]，例如多种形式的“文物精品展”“成果展”；叙事型展览是指“有明确主题思想统领的，有严密的内容逻辑结构及其结构层次安排的叙述性展览”[2]，注重展品与展品之间的关系，用逻辑性的故事将孤立的文物串联起来，反映文物之间的关系和文物背后的文明与文化，例如区域性或断代性的“文化展”“主题展”。故宫博物院近年来更加侧重于组织和推广叙事型展览，尽可能避免将大众的关注点集中在展品之精美、文物等级之高，而是通过深挖文物背后的故事，引导观众关注一位人物、一个事件、一座建筑、一种传统文化习俗或精神，通过对展品的阐释，构建完整的展览逻辑，串联展览的历史脉络，体现展品背后所表达的思想性、文化性。

恭王府博物馆作为一家现代博物馆，刚刚迎来 40 周年的生日，目前正以朝气蓬勃的气质，以独特性、普及性、活态性的方式，向公众解读历史文化，让传统文化精粹融入公众生活。近年来恭王府博物馆深度挖掘“社区博物馆”的定位，背靠什刹海社区，挖

1　陆建松：《博物馆展示需要更新和突破的几个理念》，《东南文化》2014 年第 3 期。

2　同 1。

掘独特的王府历史、建筑、藏品及其历史中蕴含的文化内涵，通过展览展示、古建修缮、数字化采集与利用、学术讲座等，充分发挥博物馆在社区中的作用。同时依靠自身的公众性与互动性，强化传统文化的展示和传播，通过情境式的方式解读展览，还原过去的活态空间、时间维度，以适当的代入感引导观众体会展览，为中华优秀传统文化提供广阔的展示载体。

在相似的愿景推动下，2022年，故宫博物院与恭王府博物馆达成了首次展览合作意向。2月，双方的展览筹备团队就紧锣密鼓地召开了第一次工作会议，就展览主题、展示内容、展示形式等方面进行了初步的探讨。

恭王府，坐落于什刹海地区，由花园和府邸两部分组成，是现今保存最为完整、规模最大的清代亲王府邸。“恭亲王府有正门两重，均朝南。大门面阔三间，前有石狮子一对；二门面阔五间。整座建筑分中路、东路、西路。”[3]其历代主人都与紫禁城有着紧密的关联。第一任主人是乾隆时期的重臣和珅，第二任主人是嘉庆皇帝的弟弟、乾隆皇帝十七子、庆王永璘。嘉庆四年，和珅获罪，在籍没其家产时，嘉庆皇帝将这座宏大的宅子赐给了庆郡王永璘，时称“庆王府”；和珅的园子则赐给成亲王永瑆居住。从庆郡王到庆亲王，永璘及其后人曾在此生活了数十年。

道光三十年，道光皇帝第六子，恭亲王奕訢入主恭王府。“总管内务府谨奏为奏闻请旨事，遵旨查得辅国将军奕劻现居三转桥府邸系庆僖亲王旧居之所……也蒙恩准赏给恭亲王奕訢居住……”[4]从咸丰二年至光绪二十年，奕訢曾在此生活了四十余年。经历了20世纪的动荡与变迁，1979年，恭王府的修复、开放工作提上日程。从恭王府到恭王府博物馆，这里也成为全国第一座以清代王府文化为主要内容的博物馆。

故宫博物院是在明清两代皇宫及其收藏基础上建立起来的大型综合性古代艺术博物馆，恭王府博物馆是目前北京保存最为完整且唯一向社会开放的清代王府古建筑群。漫长的历史时光在这两座建筑群之间建立起无法割裂的联系，彼此蕴含的历史与文化也让它们在现代社会中不断迸发出生机与活力。为了让展览更具独特性，与双方共同的遗址特征和身份属性相契合，也与恭王府自身的历史文化内涵相契合，展览工作组将目光放在了故宫与恭王府博物馆的历史渊源上，试图从清代宫廷史入手，还原历史，讲述故事，传承文化，为大家奉献一场与以往有区别的精彩展览。

3 赵志忠：《北京的王府与文化》，北京燕山出版社，1998年，第89页。

4 第一历史档案馆，宫中朱批，04-01-37-105-15。

破题：要办一个什么样的展览？

改革开放以来，故宫博物院在加强对院藏文物研究的基础上，积极策划了一批反映清代宫廷生活、宫廷历史的展览，并在院内外多次展出。这些展览一般可以分为两种类型，一种是以清代帝王、后妃及其生活为出发点，展现某一朝代、某一特定时期或场景下的宫廷生活，用文物复原历史，讲述故事，一般也称之为“宫廷生活展”；另一种则侧重于文物本身，展现文物的历史价值、艺术价值、实用价值，反映文物本身的特色，展现技术的进步、文化的交融、审美的变化等，一般多称为“文物精品展”。

以清代宫廷史为底色的宫廷生活展一直是故宫博物院展览“走出去”的重要选题，也是各地博物馆和人民群众喜闻乐见的展览主题。“宫廷生活，尤其是清代帝后嫔妃们的生活，皇家文献中一直讳莫如深，因而越发使人感到神秘。”[5]20 世纪 80 年代初，故宫博物院立足馆藏特色，在全国博物馆工作座谈会的精神的号召下，创建了一批以“帝后生活”为主题的巡展，并成为此后 20 年故宫博物院最为成功的对外展览[6]。截至 2004 年，“帝后生活展”共计在浙江、湖南、广西、河北、福建、贵州、云南、广东、重庆、山西、江苏、河南、海南、甘肃、四川、青海、江西等地的近 30 个博物馆展出，并前往美国、巴西等国家和地区的博物馆展示，可见其受欢迎程度[7]。

2015 年，故宫博物院启动了“养心殿研究性保护项目”，养心殿区域暂时封闭。经过科学的分析和讨论，“走进养心殿”展览应运而生，并在首都博物馆、香港文化博物馆、南京博物院、山东博物馆、辽宁省博物馆和安徽博物院陆续展出，成为故宫博物院 2016 ～ 2020 年间的重要巡展项目。除此之外，伴随着清宫剧的火热，人民群众对宫廷生活的兴趣高涨，故宫博物院还打造了其他一批宫廷史相关的展览，如反映清代帝王文治武功的“盛世天子——清高宗乾隆皇帝特展”“和硕清雅——雍正故宫文物大展”，反映清代重要节庆文化的“龙凤呈祥——清帝大婚庆典展”“贺岁迎祥——紫禁城里过大年展”“普天同庆——清代万寿盛典展”，以宫廷原状空间为基础，反映清代宫廷生活的“长宜茀禄——乾隆花园的秘密”“重文德之光华——重华宫原状文物展”等。这些展览从不同的角度展

5　万依、王树卿、陆燕贞：《清代宫廷生活》，生活 · 读书 · 新知：三联书店，2006 年，第 5 页。

6　白杨：《从“观”帝后生活到“走进”养心殿——改革开放以来故宫博物院巡展的变迁》，《艺术与民俗》2020 年第 3 期，第 11 ～ 17 页。

7　同 6。

现了清代宫廷生活，使各地民众不出远门便可触摸紫禁城的生活，为人民群众的文化生活增添了一抹“紫禁风采”。

清代是中国最后一个封建王朝，也是距今最近的一个朝代。以清代宫廷为主题的展览，由于其场景化的展示，历史性的表述，生活化、生动化的表达，鲜明的故宫特色，受到了广大观众的热烈欢迎，也成为本次展览的初步确定的策展方向。但由于上述展览已经在全国多个地方进行过展出，甚至其中一部分展览的初次亮相就是在故宫博物院的展厅，从地理位置上考虑，很难达到良好的展示效果。想要打造一场与前述展览有明显区别的清代宫廷史展览，筹展团队进行了大量的讨论和交流，最终决定在四个方面进行创新和升华。

1. 合作形式的选择

一般来说，展览的策展团队往往由单一博物馆的成员组成。本次展览是双方近年来的第一次展览合作，考虑到双方的历史渊源和藏品情况，为了能够优势互补，充分发挥双方在历史研究、馆藏文物等方面的特色，最终决定组建联合筹展团队，即由故宫博物院宫廷历史部的滕德永研究馆员与恭王府博物馆藏品研究部张军副研究馆员担任双方的内容负责人，以故宫博物院的藏品为主，根据内容需要补充恭王府博物馆的藏品。

2. 展览主题的确定

以往举办的宫廷史展览，都是以居住在紫禁城中的帝王或者后妃为出发点，与恭王府博物馆当下的历史定位并不相符，也与故宫博物院目前重点推广的展览方向存在着差异。由于与宫廷历史相关的展览往往无法完全脱离“皇家文化”的色彩，如何去粗取精，弱化皇权，突出中华优秀传统文化的传承，成为策展团队必须面对的问题。

恭王府，有着最真实的宗室生活。经过对恭王府博物馆的实地考察和深入讨论，筹展团队将目光放在了在清宫中诞生、而后分府建衙或联姻婚嫁的皇子、公主身上，准备从他们的出生、成长、教育、生活等各个方面落笔，展现清宫下一代的生活。“喜溢华庭——清代宫中少年生活文物展”由此确定。这一主题，既符合故宫与恭王府的历史渊源，也与当下关注青少年教育成长、关注中国传统文化的主题相契合。

3. 展览场地的契合

恭王府作为北京地区保存完整的典型王府，其建筑主体也是木结构，无法实现文物展示所需要的恒温恒湿环境，博物馆之前的展览展示都依托于原址建筑，以不需要考虑温湿度环境的图片展为主，适当展出一些受温湿度变化影响较小的文物。为了能够符合文物展出要求，必须在馆内寻找一个合适的场地。

乐道堂，位于恭王府东路的最后一进院落，拥有正殿与东、西配殿三个展示区域，其名称来自道光皇帝御赐给奕訢的匾额："乐道堂者，道光戊申宣宗成皇帝御书所赐额也。"[8]这一区域曾作为乾隆皇帝之女固伦和孝公主下嫁和珅之子丰绅殷德后的住所，奕訢迁居之后，也将这一进院落作为自己日常起居办公的主要场所，并将其改名为"乐道堂"，"堂额为成庙御书所赐，恭悬正室。"[9]随后这一名称一直保留至现在。此时，乐道堂展厅正在进行现代化改造，如果能按照计划完成展厅改造，乐道堂将成为恭王府博物馆内第一座具备恒温恒湿条件的文物展厅，为文物打造良好的展览环境。因此，无论是从历史渊源还是展览需求上看，乐道堂展厅都是本次合作展的首选场地。

4. 展品的呈现与表达

展览的表达离不开文物，文物是历史和文化的载体，每一件展品都蕴含着生动的历史故事和丰富的文化内涵，他们共同丰富了展览的历史价值、时代意义、文化精神。而文物也是为展览而服务的，文物的呈现与阐述，深刻影响着展览主题的表达、内容的呈现和观众的参观感受。筹展团队希望跳出以往对展品在历史、形制、技术、珍贵程度等方面的描述，而是充分挖掘文物对展览主题的呈现及其背后所蕴藏的对"精雅生活"追求，展现文物所表达的历史与现代的联结，通过生活化的阐述，场景化的展示，故事性的表达，引导观众减少对文物级别和本体价值的关注，激发观众对历史生活的好奇心和探索欲。

乐道堂区域作为和孝固伦公主和恭亲王奕訢的住所，本身是一个非常生活化的地方，展览也希望尽可能从生活展的角度来设计和呈现。随着展览场地的确定，筹展团队也希望能充分利用乐道堂院落，设置室外互动空间，挖掘适合进行数字化或者展示性创作的展品，既为展览打造统一的区域环境，也能提升展示效果和观众的参观体验。

解题：如何创作一个有新意的宫廷史展览?

主题明确之后，首先由故宫方面的策展团队搭建框架、填充内容。展览最初分为四部

8 ［清］奕訢：《乐道堂古近体诗·自序三》，清同治六年（1867 年）刻本，天津图书馆藏。

9 ［清］奕訢：《墓茔乐道堂闲居信笔抒怀四律》，《萃锦吟》卷四，清光绪十六年（1890 年）刻本，天津图书馆藏。

分：“瓜瓞绵绵”“崇文修武”“器精物美”“有福相伴”。为了贴合恭王府博物馆当前“社区博物馆”的定位，让展览更加接地气，更加贴近生活，双方的展览联合策展团队又多次进行了深入而细致的讨论。恭王府博物馆的冯乃恩馆长也为大家深入阐述了当下恭王府的定位、发展方向以及他对展览生活化的定义，希望展览能够以“和文化、福文化、家天下”为核心。与此同时，恭王府博物馆的策展团队也在不断挖掘、补充与展览主题相关的馆藏，充实展览内容。经过对乐道堂展厅的实地考察，策展团队最终展览框架调整为“天伦”“美器”“祈福”“崇文”“修武”五个单元。这五个单元互相依存又彼此独立，从多个角度展现了清宫下一代少年儿童生活。

展览的第一单元为“天伦”，主要体现宫廷中的亲情。紫禁城的东西六宫有四座门，分别是“千婴门”“麟趾门”“百子门”“螽斯门”。这四座门的命名彰显了皇室对繁衍子孙的重视，本次展览的内容设计也就从诞育皇子公主开始。第一单元通过展出蕴含多子多福含义的文物、小公主小皇子出生后使用的用具，辅之以表现天伦之乐的书画，展现宫中对下一代的期盼和爱护，反映宫廷中温馨的家庭生活。展览在这一部分选取了诸多与当代儿童生活用具相似的文物，例如杏黄色缎虎头式棉风帽、枣红色团龙纹暗花缎小夹袄、“长命百岁”锁、益智图玩具等，让参观者在见到文物的时与现实产生联想。此外，在这一单元还有一些有趣的文物，例如乾隆款剔彩百子晬盘，以及“懿妃遇喜大阿哥”档案等。“晬盘”，就是抓周时盛装各类器物的用具，与现在的小朋友满周岁抓周有着同样的含义，展出的这一件是专门为宫中的皇子、公主制作的用具。“懿妃遇喜大阿哥”这一档案，记录了咸丰五年至六年，当时还是懿嫔的慈禧皇太后怀孕至生产期间的生活起居和饮食状况，是对清代后妃怀孕、饮食起居、调理及诞育的皇子洗三、满月、抓周等完整过程的记录。这些贯通古今的生活用品和档案记载，为观众串联起历史和现实，极大地引起了观众的兴趣。

第二单元为“美器”，主要体现皇子公主们的日常生活，展现宫廷生活的精雅和独特。皇子公主们的生活用具，一部分来自宫廷既有的“分例”，一部分来自皇室的赏赐；等到成年后，他们还可以根据需要，制作自己喜爱的生活用具——王府堂名款用品的诞生。这一单元展出了许多宫廷生活中常见的实用器，例如保温效果良好的热水壶、多层的食盒，以及精致的掐丝珐琅缠枝莲纹冠架、一物多用的嵌玻璃錾铜镀金三角带表冠架、华丽的彩漆云蝠纹镜支等。这些精致的生活用品，带领观众穿越时光，回望清宫少年们的儿时生活。此外还特别展出了“庆宜堂款”“嘉乐堂款”“乐道堂主人制款”等堂名款瓷器，这些有着特殊款识的瓷器，印证了使用人的身份，展现了王府主人的审美品味、身份地位、经济实力，也是皇室成员在府第中保持着精雅生活的集中表现。

第三单元为“祈福”。千百年来，福文化始终印刻在中华民族的基因里，在中华民族的日常生活和传统文化、价值观念中有着非常重要的意义。恭王府中本身就有着多处与“福”相关的建筑，例如多福轩、福镜楼，王府花园的设计也是以“福”为中心，其中秘云洞内的康熙御笔福字碑更是被誉为“天下第一福”，暗含了多子、多才、多田、多寿、多福的寓意。与此同时，对福气的祈盼塑造了表达福文化的各种形象。本单元的设置，主要是通过多件带有“蝙蝠”“葫芦”等纹饰的用具和御笔“福”字，阐释宫廷和民间相一致的祈福、盼福、崇福、尚福心理，同时呼应恭王府所倡导的“福文化”。展览在这一单元还特别展出了慈禧太后题写的“福寿”二字轴，上书“慈禧皇太后御笔赐”，下署“臣奕譞之次子”，时间是“同治十年六月二十八日”。根据这件二字轴上的时间及落款推测，此轴应该是慈禧太后为庆祝光绪皇帝出生所题写的，从中可以窥见清宫对宗室成员诞育下一代的欣喜。

以上三个单元作为乐道堂正殿的主要展示内容，相互连通又彼此独立，暗含了清宫少年从出生到成长的时间线。而在少年们成长过程中不可或缺的教育内容则分别放在了东西配殿。

成长于深宫或王府中的清代宗室子弟，接受了充实而紧凑的文武教育。“我朝家法，皇子、皇孙六岁即就外傅读书，寅刻至书房，先习满洲、蒙古文毕，然后习汉书。师傅入直率以卯刻，幼稺课简，午前即退直，退迟者至未正二刻，或至申刻。惟元旦免入直，除夕及前一日巳刻准散直。”[10]这些繁复的教育内容，仿佛再现了当下少年儿童们的求学生涯，也让这一展览更加贴近现实。

第四单元为“崇文”，主要体现文化教育。这一部分文物选取的基础主要有两方面，一是点查报告中的上书房，二是后人对于清宫文化教育和科技教育史的研究。上书房，是清代皇子皇孙读书的地方，“尚书房，在乾清宫东南庑北向，皇子读书之所也。皇子年六岁，入学就傅。”[11]点查报告中记载了清末上书房的陈设，通过核对《点查报告》，能够精确选取与清宫文化教育相关的陈设用品；除此之外，展览还展示了一部分西洋仪器、清代文化教育材料等，全方位表现清宫文化教育的多样性。例如展出的一册《蒙古话》（也叫《蒙古语》），是乾隆皇帝学习蒙古语的字书，以满文转译蒙古文，其主要内容是乾隆皇帝为召见来自蒙藏地区人士时准备的问候性短句[12]。展览还展出了一些皇子作业，活灵活现反映了清宫少年的求学生涯。

---

10 ［清］吴振棫：《养吉斋丛录》卷四（第二册）。

11 ［清］福格：《听雨丛谈》卷十一“上书房”。

12 春花：《乾隆帝学习蒙古语“字书”考》，《西部蒙古论坛》2020 年第 4 期。

第五单元为“修武”，文治武功，这一部分主要表现了武学教育。在清代早期，“马上功夫”一直是贵族教育的重点，清宫的下一代们自幼骑射，不仅要学骑马射箭，还要学习鸟枪的使用，教习师傅也都是当世的名臣。乾隆五十五年的一场射箭活动中，“皇元（玄）孙载锡，年八岁，中三矢，赐黄褂、双眼花翎。御制命诸幼皇孙曾元来山庄随围，遂观其射，诗以志喜，诗曰：观射寻常多抱愧，今朝观射喜偏应。元孙八岁三箭中，侍祖当年此地仍。弧矢四龄争较早，构堂万世冀恒承。一身七代瞻神御，家法天恩永佑征。”[13]展览专门挑选了一部分清宫旧藏的弓马用具来充实展览内容，包括小型尺寸的皮撒袋、黑牛角桃皮弓、围猎用的鹿哨等，展示了清宫多样的武学教育和围猎实践。

从皇子公主出生，全家共享天伦之乐，到新生儿步入热闹的儿童时期，开始重文又重武的教育阶段，再到皇子公主们成长成才，逐渐在军政大事中发挥作用，展览用一条完整的时间线串联起各个单元，展示了清代皇子公主们与寻常百姓相似又独特的成长经历和日常生活。展览抛弃了传统的宫廷史展览学术化地展示与表达，用更加生活化的叙述展现皇室生活的精雅追求，更将中华民族传统文化中的舐犊情深、忠孝仁义、允文允武、以天下为己任等诸多思想融入展览，反映了中华优秀传统文化在青少年成长教育中的重要作用，也与恭王府博物馆努力打造活的文化空间这一想法相吻合。

启示

“喜溢华庭——清代宫中少年生活文物展”的成功举办，离不开两馆工作人员的齐心协力。这一展览的选题方向、文物选择，也可为日后博物馆间合作举办展览提供一些思路借鉴。

1.“小而精”是现代展览发展方向之一

本次合作展，是一场小而精的展览尝试。展览的“小”体现在场地和文物。根据场地和内容划分三个展厅展示，每个展厅、每个单元展出的文物数量相对有限，且文物自身的体量也相对较小。而展览的“精”则体现在两个方面：一是内容设计精巧，二是文物挑选精巧。本次展览与此前的宫廷历史类展览有了较大的区别，搁置了以往宫廷生活展对帝王后妃奢华生活的展示，而是将重点放在了对下一代的关爱和教育上，通过深入剖析清代皇

13 ［清］庆桂等奉敕纂：《大清高宗纯皇帝实录》“乾隆五十六年八月上”。

宫中少年的生活，让展览充分与现实相接轨，更加具有现实意义和教育意义。

博物馆筹办展览，“既要考虑展览选题是否与本馆的性质、办馆使命和愿景目标相契合，更要评估展览是否具有理想的目标观众、预期效应和学术潜力，同时也要考虑办展所涉及的人力、物力、财力、空间、时间等多方面的要素。”[14] 故宫博物院与恭王府博物馆联合举办的“清代宫中少年生活文物展”，其内容不仅与故宫和恭王府这两座历史建筑本身有着紧密的联系，更是非常精准地贴合了当下对青少年儿童成长和教育的关注，也有效契合了恭王府博物馆当下“社区博物馆”的定位。

2. 博物馆展览陈列要坚持“内容为王”

一个展览的成功与否，不在于展览选取的文物级别高低和文物数量多寡，而在于能否用最恰当的文物、有限的文物数量表达展览主旨。故宫博物院丰富的藏品为展览开辟了广阔的展品选择空间，恭王府博物馆立足于自身的藏品为展览增添了更具真实性的表达。本次展览在文物选择方面，并没有局限于当前观众所熟知的“名品”“重器”，而是从内容出发，依托于故宫博物院基础影像采集工作、藏品细编目工作，挑选了大量在以往的展览中从未展出过的文物，充分体现了展品为内容服务这一中心思想；由双方研究人员共同组织的策展团队，也不断发挥研究专长，深度挖掘双方文物的特色，互相补充，使展览内容更加丰富。

受制于展柜高度、展线长度以及文物保护要求，展览中也有一些遗憾，例如无法将与展览相关的书画都展示出来，一部分文物无法以最理想的展示效果呈现，只能通过展览背板加以补充。例如本次展览在“崇文”单元展出了一本数学用表，以展现康熙皇帝及皇子们对西方数学的学习。出于对文物安全的考虑，这件展品在展出时无法打开，筹展团队特意选取了一张内页照片放在展墙上，让观众清晰地看到对数表的内容。

3. 陈列展览要促进文物的文化价值与现代生活相结合

宫廷史是历史研究无法避开的重要组成部分。以往的宫廷史展览，往往采用宏大的展览叙述、华丽的文物组合、专业的文物描述，展现帝王的文治武功、奢华生活、威严气势，展现技艺的精巧绝伦、材料的旷世奇珍、文化的交流融合。宫廷生活展，讲述的是历史，

---

14 张莉：《荷兰大汉学家高罗佩的重庆故事——“巴渝旧事君应忆”展览的策划与解读》，《中国博物馆》2015 年第 4 期，第 113 页。

是原状，是生活。新的时期，更加需要推陈出新，创新思想，通过宫廷史展览，展现中华优秀传统文化。

本次展览中，策展团队深度挖掘文物的文化价值，挖掘文物背后的故事和思想，并将其与现代生活相结合。通过更加生活化的展示、故事性的表达，让展览更加贴近现实、贴近生活、贴近观众，促使观众触摸到历史长河中“人”的温度，触摸到中华优秀传统文化的传承和魅力，进一步理解历史，理解传统文化。展览还尝试了将传统文物活化，用生动的现实表达，增强展览的趣味性。在“天伦”这一单元，展出了一件铜投壶，这个由射礼发展而来的投掷游戏，在进入明清宫廷后依旧受到了喜爱。为了让现代的观众了解古代的娱乐活动，展览设计人员特意在乐道堂院落中设置了投壶体验区，观众走进院落，就可以参与投壶，体验中国传统的投掷游戏。

近年来，各地博物馆纷纷举办以古代生活为主题的展览，“喜溢华庭——清代宫中少年生活文物展”的推出，有机会让更多的观众认识到宫廷中的少年儿童是如何生活，了解到中华民族交流、交往、交融的历史故事，感受到中华优秀传统文化的历史传承，领略传统文化与当代生活的有机结合、薪火相传。未来故宫博物院将与恭王府博物馆继续携手，用生活化的展览展示，共同推动文物资源的活化利用。

綏疆懋績

展览工作委员会

主　任

冯乃恩

副主任

任万平　王　静

展览统筹

许　凯　王东辉　严　勇

策展团队

滕德永　高晓媛　万秀锋　袁　理　孟庆重

形式设计

于　彤

展览执行

滕德永　万秀锋　刘立勇　景　闻　李天垠　周耀卿

秦崇泰　孙　悦　杨立为　袁　理　吕韶音　周劲思

张　军　王宇博　闫月欣　远　东　贾文东